생존하는 밈(meme)

조영래 제2시집

문학공원 시선 273

생존하는 밈(meme)

조영래 제2시집

문학공원

시집을 펴내며

시원하고 서늘한 가을이 성큼 다가와
무덥고 습기가 몸을 휘감던 칙칙한 여름을 잊게 하더니
어느새 겨울 문턱에 서 있다

차창 밖 꽃대가 말라가니 한 해가 꺾이는구나
열심히 스스로 자라고 때가 되니 고개 숙이는
그들에게 할 말이 없다
인간의 이기심과 자본의 횡포로 수난당하는 평생이라
수군거리거나 대거리하지는 않으니 다행이다

언제나 말이 없으니 침묵을 가르치려는가 보다

꽃이나 인간이나 뭍 생명이
생존하는 밈meme은
우연이든 선택이든 자유의지이다
단지 무딘 붓으로 씀이 부족한 재주로
독자의 눈을 어지럽히지 않을까
두렵기도 하고 부끄럽기도 하다

한 줄의 글이라도 읽히게 된다면
제 개인에게 영광이라 생각하며
짧은 글을 올립니다

2025년 늦가을 삼성산 자락 누옥에서

시인 조 영 래

차례

시집을 펴내며 … 4

1부.
노블레스 오블리주

노블레스 오블리주 … 12
오방색의 기원(祈願) … 14
신의 영토를 비행하는 … 16
고흐의 밀밭은 노란 오로라(Aurora) … 18
레테의 강 … 20
남극으로 간 갈매기를 기다리며 … 21
방랑하는 자본이 얼어붙어 … 22
화산이 폭발한 분화구는 … 24
늑대새끼가 부르는 울음 … 26
내 마음속 파리 올림픽 … 27
방망이를 휘두른다고 … 28
백천만(百千萬) 삶의 향기 … 30
헤라의 질투 … 32
주향천리(酒香千里) … 34
신화가 없으니 … 35
활과 화살은 … 36
흑기사는 프리랜서 … 40

2부.
문명이란 레고 블럭

민주 수숫대 울타리 … 42
문명이란 레고 블럭 … 44
티베트고원 설산은 … 47
죽음의 실체는 … 50
무제(無題)가 춤추는 무대(舞臺) … 54
아이스버그 여행 … 56
삼봉 정도전의 시대정신을 살리자 … 58
홀로 자전거를 타는 복 받은 자 … 60
회상(回想)은 길을 잃어 … 61
돌십자가 성모마리아 소상과 함께 … 62
공룡알 닮은 석조인간 … 64
지혜로운 제3의 길은 … 65
그저 생존하는 밈(meme)은 없다 … 66
삼복(三伏)은 변곡점이다 … 68

3부.
아버지

하루살이 … 72
관을 쓴 뫼 … 73
그림자는 암흑 속에 … 74
공허(空虛)한 날 … 76
질박한 토기 … 78
아버지 · 1 … 79
아버지 · 2 … 80
아버지 · 3 … 82
아버지 · 4 … 83
아버지 · 5 … 84
아버지 · 6 … 86
아버지 · 7 … 88
아버지 · 8 … 90
아버지 · 9 … 92
어메 달은 한가운데 … 94
입춘지절(立春之節)에 바치는 노래 … 96

4부.
내 고향 과수원

못생긴 모과는 … 100
천수답 무논 벼 … 102
내 고향 과수원 … 104
풋사랑 여행 … 106
거름더미에 피는 꽃 … 107
곡우날 기로에 서서 … 108
길동무는 도반이라 … 110
군고구마와 교회 … 112
등짐도 없는데 … 114
누가 함부로 논할 수가 있을까 … 116
익어가는 가을 갑판에 서서 … 118
늦더위 석양은 … 120
시대 앞에 선 시인 … 121
시 내리는 눈길에 … 122
남극으로 간 갈매기를 기다리며 … 124

作品解說

존재와 책임의 4차원 시학 ··· 126
- 다울 최병준 시인·문학평론가
문학·공학·신학박사 / 서울시인대학장

1부.
노블레스 오블리주

노블레스 오블리주*

호의(好意)로 베푸는 선의를
의무적으로 지불하는
프랑스 로얄패밀리 사회는

대중에게 회향하는 미덕으로
반대급부로 특권을 향유하는
프랑스 말 중에 '노블레스 오블리주'
그들이 부럽기도 하다

도덕적 의무를
그들은 자랑스럽게 말하며 으스대지만
멋을 내는 그들이
꼴사납지만 사랑스럽기도 하다

그놈의 조선 사대부들이
통째로 긁어 모으기만 했지
풍년이면 장리쌀 쟁여
곡간이 넘치고 흉년이면
논밭문서가 날아다녀

뵈는 대로 죄다 훑어 착복한
복마전 풀 줄을 몰라
지금도 그 꼴에 이력이나
교묘한 수법은 어찌도 그리 닮았나

수전노 동대문 장 씨
명동 상인들 급전
돌려막기로 자자한 소문
죽기 전에 전대 풀어

전액 희사하는 신문기사에
세작들 입방아 물폭포가
'노블레스 오블리주'는 잊어 먹고
담배쌈지라도 마당에 팽겨쳐 잊어라
시원한 소서(小暑)다

* 노블레스 오블리주 : 높은 사회적 신문에 상응하는 도덕적 의무

오방색의 기원(祈願)

적(赤)·흑(黑)·백(白)·청(靑)·황(黃)
깃발을 내걸고 배꼽마당에 퍼질고 앉은 마당패
웃음과 해학을 던져 줄 거라 기대 반 의심 반
구경꾼들은 슬슬 웃음기가 귓가에 걸렸다

이른 아침 일진이 주는 이상야릇한 건성이
하루 종일 모래성만 쌓다가
화강암 돌들이 춤추듯 매운 주먹질에
헛것을 본 듯 정신이 바짝 들었다
이미 때는 늦어 아구창이 찢어지고
패배감에 성한 데가 없다
혼자 궁싯거리다 공중에 침을 뱉어보기라도 하거라
욕쟁이 할매 동영상 '처먹어라'는 말에 반감일텐데
욕지거리에도 실실 웃기만 한다

청색장막이 내려진 북방하늘로
비행기 동체가 관악산 꼭대기 위를 지나간다
육안으로 보이는 거리이건만
들어오는 길인지, 나가는 행로인지 알 수가 없다
하루에도 수백 수천의 비행기는

내 관심과 상관없이 뜨고 내릴 것이다

오행설은
목(木), 화(火), 토(土), 금(金), 수(水) 적으면
5요소의 변화로 만물의 생성 소멸하는 이치를 말한다
순번대로 5각 그림 꼭지에 그리면 순번대로 상생(相生)이지만
서로 마주보는 목(木), 토(土), 수(水), 화(火), 금(金)는 상극(相剋)이다
그 안쪽은 상생(相生)을 나타내게 된다

콩나물시루에 들려 나며 물 한 바가지는
어지러운 세상 세계 곳곳에 전란의 기미가 올지라도
역사 이래 인간의 생사가 경각에 달려도
제 역할을 하듯 시루를 꽉 채워주는
이것이 묘용(妙用)인가 알 수 없는 이치는 끝이 없다

신의 영토를 비행하는

새 아침을 부르는 종달새가
날개로 장막을 걷어 올려
별은 지평선을 이탈해 사라지고
가물가물 수평선은 대지를 숨긴다

수메르 강가
비옥한 땅 지구라트
길가메시는 마초
유대노래는 슬픔을 넘어선다

신성은 로마 제국의 포용
고딕 대리석 기둥에
용사들은 전리품을 그득 채워
중세 암흑 꼬리를 길게 늘어뜨린다

이성은 순수비판대에
감성과 자유분방
낭만을 낳아
인상파 흑백원근을 거부한다

명함 뒷장에 실존을 그려 넣고
자유의 개인이 식민의 여신상을 토파 세워
새 문명은 자신의 영혼을 노래한다

고흐의 밀밭은 노란 오로라(Aurora)

어제 밤하늘 은하세계는 서늘하였는데
북극 자력선 하전 입자(粒子)가
떠돌이 기체와 충돌해 남빛 섬광(閃光)이 초록 밀밭을
누렇게 익히도록 필사의 노란 붓질을 해야만 해

봄날 연두를 덧대어 칠한 손바닥은 녹색 감잎
녹엽 두께가 벌써 덥다 못해 반바지 짧은 소매
속살이라도 비치는 차림은 은은한 향내
얇은 흰 윗도리는 이른 여름 턱을 삐죽 내민다

오늘 낮 내내 동동거리며 치자 물감 불볕은
해바라기밭에 내리 쏟아붓겠지만
따갑게 내리쬐려는 그 붓질은 처음부터
교회 첨탑 위 반짝이는 밤별들

동녘을 열어젖힌 대장장이가
풀무질 불꽃을 피워내는 곳은
숯검뎅이 땀내 나는 귓밥이
떨어져 나간 이글거리는 캔버스이다

해바라기 꽃잎은 시들은 부다페스트의 소녀
거무스름 익어가는 씨앗은 소년의 원죄
68혁명 군중들이 수형밧줄 그늘에 앉아
다리쉼하는 히피들과 두려워하지 않는 청신남 청신녀

잡초 목을 자르는 교수형구 기요틴(guil·lo·tine)은
폭력 탱크라고 비난받지 않는 물질주의자
오대양에 넘쳐나는 반전 모드는 원죄 거부하는 생태
주의자(生態主義者)
아노미(anomie)에 빠진 장화를 붙잡는 진창바닥이다

유라시아 평원의 포성은 부드러운 흰 빵과
깃털 잠자리를 탐하는 잠든 궁전들의 유혹
분노지수가 내동댕이쳐진 크메르 킬링필드의 백골들
마시다 만 적포도주 잔에 증발한 알코올은 살생 DNA

생사위기에도 놀라지 않는 종달새야 날아라

레테의 강

죄의 기억을 씻고 망각의 강을 건너
노랫소리 들리는 천국의 오르막길
샛별이 떠오르면 동녘에 햇볕이 내리쬐는
새로운 하루가 시작하고 거울은 반짝이며 창을 연다
생의 선물은 목마른 자에게
신념의 나무를 정원에 심어주는 은총이다

교만과 탐욕의 바다에 금은보화와
화려한 보석 목걸이는
벗어 던져버려야 할 혼돈 일 뿐이다

남극으로 간 갈매기를 기다리며

어제도 오늘도
아직 선풍기는 후덥지근한 바람을
좁은 방안에 토해 내듯 흐느적대며
공간을 서서히 선회한다
계절이 멈춘 듯하다
새벽은 팔다리 무릎이 서늘할 정도라
얇은 이불을 잡아당기게 한다
계절은 저승사자처럼 필연적으로
장지문 앞에 오겠지만
남극으로 떠난 갈매기는 언제 세차고 냉한바람을 몰고
화려한 귀환을 할까 기다려진다

방랑하는 자본이 얼어붙어

동해 일출 맞으러 정동진
경포대 허난설헌 분내음은
누가 올린 그녀의 시향이다

설화 청청한 소백산
정상가는 길 설인 주목이
꼿꼿하게 북풍을 이기는 경기장

마유르 광장 마드리드 인간 마임
트라팔카 광장 런던 크리스마스 트리
로마 바티칸 광장 오벨리스크조차
덮친 한랭기온은 인간을 숙주로 변덕이다

몽골 초원 오보
오색기가 펄럭이고
좁쌀 한 줌을 고수레
게르 손님에게 수테차
냉혹함을 이겨내는 유전자

지친 자 목마른 자 허기진 자

따듯한 날 오시어
눈 녹은 물로 끓인 차 한 잔 하세

화산이 폭발한 분화구는

과거 무성영화 장면이 보여주는 암흑천지
나락으로 떨어지는 추락물은 인조기계만이 아니라
지난 악몽(惡夢)은 무의식의 반향
무의식은 동반하는 페어를 덥석 물고서
생명이 없는 꿈 자락까지 온통 먹통이 된다

태평양 솔로몬제도 수많은 난파된 선박과 비행기들
조난당한 의식을 잃은 생존자가 깨어나
배구공 하나와 대화를 시작하는 것은
새 시점(時點) 중 오늘을 살아가는
바로 실감나는 의식 행위이다

먼 미래를 향하는 과학기술의 진보는
무한도전 끝없는 인간의 욕구를 채울 수 없을 지경까지
무한경쟁 물적 소유욕이다

물적 기반을 넘어서는 이상향의 존재가
미래세계라고 성급하게 가정한다면
성립될 조건을 희화화시키는 것이다

칙칙한 지하벽 특유의 곰팡내
벽지에 숨어사는 미물 유충 가운데
실지렁이는 느린 행위와
반응은 유아시기 느린 결핍의 자신을
갉아먹는 자기 파괴의 빵조각 부스러기다

한 조각의 빛이라도 티끌에 비치는 순간이 놀라움의 시작이라
세상을 밝혀주는 기적이며 뿜어져 나오는 용기이다

자기 존중감을 일으켜 세워 무의식적 기운을
의식에 식재(植栽)하는 동조화 행동이다

최고의 만족도를 가진 자존감은
기쁨의 도파민과 쾌감의 엔도르핀을 부풀려
내면을 가득 채워질 수 있다

잔잔한 호수 고요한 수면에 물방울 한 방울
소리도 없이 떨어지는 고요한 진공 장면은
오늘 이 순간 거룩한 까닭이다
바로 지구 행성 불특정 지각
한 점이 터져 나오는 폭발음은 숨겨두었던
격렬한 수천 수만 배의 기적소리다

늑대새끼가 부르는 울음

어제도 오늘도 내일도
하루를 살아가는 기적은
차가운 냉대 속에 홈리스가
지하도 바닥에 깔아 둔 종이박스 집이다

로마 황제가 기마군단을 이끌고
루비콘 강을 건널 기세는
대중에게 휘황찬란한 금붙이가 아닌
마대자루에 균형 분배한 식량이다

자본의 광폭은 지구촌에 던지는
투기어린 적포도주 빈병의 잔해
어미는 새끼에게 나눌 모유는
빼앗긴 들의 노적가리 덤불보다 못하다

배고픈 울음 우는 애기 늑대가
글썽이는 눈망울은 메말라 붙어
아비어미의 귀가를 재촉하는
애달픈 노래가 토굴 속 도인의 게송*이다

* 부처의 공덕을 찬미하는 노래

내 마음속 파리 올림픽

센강을 가고 싶은 것은
프랑스를 사랑하기보다
자신을 그 속에 던지고 싶은 욕구이다

올림픽을 자랑스럽게 하는 것은
생의 활기를 마음껏 펼쳐보기 위한 희망이다

아직 억눌린 가슴의 응어리를
침묵하며 쓰라려 고통에 눌린
자신을 파리 하늘에 던져보아라

하루에 한 번씩 자신을
고백하는 의식을 해 보자
에펠탑 꼭대기에 올라가
자신에 대한 사랑을 고백해 보자

그러면, 자신에 대해 용기를 가지고
과녁을 향한 화살은 명중할 것이다

방망이를 휘두른다고

야속한 세월을 막을 수 없어
아르미아 소금 호숫가 날마다
녹슨 배가 말라 가슴이 타들어가고
목숨이 경각에 달해 헐떡인다

날 새기 전에 저승사자가
온다 해도 흰 터럭이 처연하게
방바닥에 누워 억울할 것이 없는
그림자가 떠억 하니 누워있다

거울에 비친 허상에
비싼 안료를 덕지질해도
깊어가는 골밭 고랑인데
호미가랑이가 감당키 어렵겠지

하루는 묏뿌리 정상에
불을 피워 하늘을 향해
비벼보아도 생득한 답이 없다

의식은 밤새도록 이어지고

갈증나는 짐승본성을 넘어
피안에 이르는 열반적정은
저자바닥까지 임할 기적을 밀어낸다

토굴에 명상가의 깡마른
육신만 에워싸고 길길이
허언을 늘어뜨리는 상스러운
자본에게 쓴웃음이나 지어 보며
세월을 이겨낸 아직 자유의지가
동녘 햇살을 비춰준다

백천만(百千萬) 삶의 향기

매화 향기는 백리를 간다
경주 최부자 300리 근동에 굶는 자는 최부자 책임이다
가진 자의 호의(好意)이자
프랑스 용어 노블레스 오블리주는
특권을 향유하는 반대급부의 비용(Cost)을
지불해야 하는 도덕적 임무를
그들은 자랑스럽게 말하며 으스댄다

주향천리(酒香千里) 풍류조로
유럽어권 용어 사티에르(Satire)라는 어미는
풍자, 과장이 흔한 시댓말이다
프랑스어 사르카즘(Sarcasm)은 적의 살가죽을 벗겨낸다는
무시무시한 살의(殺意)가 숨죽이고 있는
저격수의 레이저 감시망이다
치밀한 거리 시간 측정과 독수리 눈매이다

세르반테스는 돈키호테 기행(奇行)을 도구로
고발해 스페인 문학작품이 드물게 베스트셀러가 된다
주선(酒仙) 이백은 끈 떨어진 거지 삶을 살았다
시문(詩文)에 천리안 천리취를 가지기나 한 건지

거리를 재고 냄새를 맡는 촉수가
인공지능 AI이거나 챗봇(Chat GPT)인가 보다

어진 인군(仁君) 치하 간신배가 득실대는데
1,000리 안팎에 민심의 원성이 자자하여
주리 틀어 벌자 할 자(者)를 천리 밖
추노(推奴)한다면 무릎을 칠지라도
드문 인군타령은 굶주림 홍수 질병을 대신하는 말이고
태평성대는 군황(君皇)이 부재할 때 가장 배불리 평안하다

인향만리(人香萬里) 공맹의 명성을 말하나
그들은 가난해 구걸하는 식자(識者)이거나
한 자리 구걸하러 군왕을 쫓아다니는 유랑객이다
현대 중국시장경제가 먹을 게 없는 속 빈 강정
피폐한 허장성쇠(虛張盛衰)는
남의 권좌를 중매만 하다가
광채를 잃어버린 처량한 달빛 노인 이해찬이다

먼 중국역사과정에 나타난 원인(遠因)을
인용해 증거할 가타부타할 가치가 될까만
무언가 뚜렷이 잡히는 것은
등록금 날려버릴 위기에 몰린
대학 1년생의 감(感)은 버리는 카드패라고 말한다

헤라의 질투

1.
제우스가 다른 여신들과
피우는 바람기 때문이다
그녀의 패악은 바다를 뒤집어 놓고
폭풍을 일으키는 기막힌 놀이를 한다

비행 윙슈트(Wing Suit) 입은 마니아들은
1,400m 높이 공중을 날아
짜릿한 수직하강 12게이트를
곤두박질 통과하는 가장 위험한 스릴

마마의 주머니 털어비행기 타고
LA 디즈니랜드*로 가자
은하수의 수호자**를 타러 가보자

놀이기구를 내려서는 순간 찌릿한 만족감은
6초가 아닌 4초도 안되어 휘발된 아쉬움만 남는다

짧은 몇 초 동안에
호모 사피엔스의 고뇌를 치유해 줄까

아니면 엔도르핀을 솟아나게 해줄까

2.
하루 종일 돈만 쓰고 허사에 그칠 줄이야
본태성 모험이라
이름 붙이는 엔터테인먼트

배신자가 행하는
자신을 속이는 망각 예술
얼굴에 황칠한 분장술이란 한 장르
무대에 배우만 살아 연극을 한다

가면 뒤에 숨어
세상에 내뱉는 갖은 욕설과 해학은 반전이다
화회탈 마당에 양반과 선비 백정 중 할미…
주인공이 따로 없으니 중구난방 제각각이다

설원을 넘어 스키 트래킹
인스부르크 스키 활강 코스
눈 천지 광막한 몽골고원에 외로운 점
백설 무인지경 반사되는 햇살에 황혼은 더 젊어진다

* L. A. Anaheims 지역에 소재
** 은하수의 수호자 : Guardians of the Galaxy 놀이기구 코스 중 한 가지

주향천리(酒香千里)

주향천리는 풍류조로
유럽 풍류는 VND아니겠는가

유럽어권 용어 풍자는
사티에르(Satire)이다

그 언어의 미는
단어의 의미(意味)는
풍자, 과장이 흔한 시댓말이다

풍자에 숨은 뜻은
프랑스어 사르카즘(Sarcasm)이다

적의 살가죽을 벗겨낸다는
무시무시한 살의(殺意)가 숨어있다

신화가 없으니

전쟁이 오려나
프로메테우스도
제우스도
가이아도
로무루스도

죄다 죽어버린
메마른 우크라이나 밀밭
흑토 위에 삽질하던
농부는 농노의 자손

아우성을 휩쓸던
붉은기가 꺽이고
평원에 까마귀가
죽은 영혼의 눈과 귀를 다 파먹고

하늘로 날아 간
종달새가 돌아오는 날
제단에 신탁을 물고
평화가 오리라

활과 화살은

평시에는 과녁을 관통하는 놀이다
피아간 소통도 곧잘 한다
적과 대치 중이거나 긴급한 비밀
지령을 내리는 살해 도구이기도 하다

강과 바다는 그들만의 언어로 통한다
공생하자는 협약서 없이도
생존의 장일 뿐만 아니라
식생의 네트워크
유전자 교환시장 번식 마당이다
암스테르담 항구는 유럽서부와
대서양 물산을 내륙과 해양을 이으며 소통한다

물류 따라 예술과 사랑과
회환 따라 인간도 살아 낸다
가여운 기러기도 철 따라
이동하는 언어가 생래적이다
한강수 두물도 섞기면서 화합하는 묘수다
인간 삶의 화두가 된 지 오래다

한수와 난수가 엘리뇨 스트레스다
태평양 해수면 폐플라스틱 부유섬
고분자 미세입자는 고래를 살해하고
플랑크톤 먹이사슬 끝 인간의 자본탐욕
뇌세포까지 침식하는 기막힌 세상이다

2부.
문명이란 레고 블럭

흑기사는 프리랜서

가난하여 갑옷에 문장을 새겨 넣을 수 없어
검은 칠을 해 그렇게 부른다

영롱한 진주도 빛을 잃으면
흑진주라 부르는 것이 당연하지는 않을 터
가난을 이겨내어야 영예의
귀족 주군의 문장을 새길 수 있다

롤랑은 전설의 무훈기사
구원의 피리 불기를 거절한
프랑크왕국의 자존심이라 노래한다

그 장엄하고 미화된 노래에
숨겨져 전래되어 오는 참은
60여 명의 마지막 생존 전사는
사라센 군에 포위되어 처참하게 전멸한다
사자의 영혼을 위로하는 비가이다

화려한 귀족 문장이 전쟁에 무슨 소용인가
생명은 가문의 영광보다

존귀한 것이라고 웃고픈 일이다

숱한 전사들이 전장에 출전하는 날
아내와 아들딸 그리고 젊은 연인과
눈물의 이별을 하고 나와
온 힘으로 냉엄한 사투의
전열을 가다듬는 긴장의 연장선
이미 그들의 손발에 피가 흘러내린다

그들의 사랑의 언약은
처절하여 천지간에 울음 되어
허언이 아닐 것일지니
조개 속 이물은 모태에게
고통을 안기고 마지막 산고 끝에 태어나는 흑진주는
가난하지도 화려하지도 않은
귀한 존재를 닮아 품위가 뛰어날 뿐 아니라

중세 가난뱅이 민중을
대표해 낭만을 노래한
흑기사의 전설을 담아
왕녀의 목에 걸릴 운명이라
노랫가락 따라 빛을 낸다

민주 수숫대 울타리

강냉이 마른대를 엮어 보금자리를 마련하는
아버지의 손길이 따뜻하고
다정다감(多情多感)이 황토담보다
눈길에 저며 온다

내 식솔 보호본능은 경계를 치게 되지만
유전자의 자연선택이라 할지라도
푸근한 가슴속 정겨움이 겹쳐 와 자랑스럽다

안팎의 경계선에 꽃씨라도 떨어진다면
곧 세상에 선사함이요
새 생명은 제 이상을 피워내는 천둥 울림이다

옷매무세를 단장할세
치장하는 인간미를 이웃에게
짖는 웃음은 미소가 섞임이다

허물어져도 별 손해가 없는
보잘 것 없는 수숫대가

시멘트 담장보다 훨씬 선해 보여서 좋다

저잣거리를 한 쌈에 포장하여
돌벽으로 견고한 성을 쌓는다
유사이래, 장벽을 쌓은 자는
폭압적이고 독점하려는
이기적인 전제를 숨길 수 없다

그늘에 주린 배와 남루한 차림이
언뜻 머리에 스치는 연유는
독재자의 총동원 노역이 각인된 까닭이다
허덕이는 민생은 감수분열하면서
끈질기게 살아 역사에 증거하고
자존감을 높여 자유의식과
공동체 책임의식이라는 민주라는 시대를 이끌어 내었다

문명이란 레고 블럭

옛것과 새것
과거와 현재를 둘러싸고 있는 미래
무한 경쟁에 잃어버린 인성과 갈등을 조정하고
합심하는 협력이 조합들은
서로 대척점 위치에 견고한 성곽을 쌓아올린다

전쟁을 일으키는 폭력적 쟁패의 위험을 버리고
견고한 결합을 해체하면
아름다운 경치의 색감과 향기를 얻을 수 있는데
그렇게 풀어헤쳐 펼치면 더 없이 행복감을 던져주는데

개별 뭉치들이 개성과 다양성을 살려 쓰자면
깊은 명상과 사색은 필히 설산 바위토굴의 수련
남자는 기운을 차려
평화로운 안정을 가져다줄 터인데
맨 먼저 우선하는 광폭한 무기문명은 죄다 버려질
플라스틱 쓰레기 섬이 대양을 돌아다니지 않고
호모 사피엔스의 멸종을 막을 수 있는
전조가 될 것이라 염원할 일인가

송구영신(送舊迎新)은 세월이 지구공전자전에 따라
천간(天干) 십이간지(十二干支)를 짚어가며 읊어도
촌각의 시각이 집적되어 우주시계는 돌아가지만
우주시각이 따로 정해진 건가 인간의 알음인가

인조인간 AI가 대세인 기술과학은
비지니스화를 향해 치달아
인간의 실존은 희미해지다가
사고하고 근육의 움직이는 활동도 극미진(極微塵)으로
소화기만 남아 대뇌는 급격히 석회화되어질 수도 있단다

물속(物俗)을 담배쌈지 바랑 던져버리듯
권세(權勢)도 비웃어 짐승에게 먹이주듯
인류의 인식의 전환은 애초에 유전인자로 자리 잡지 못한
인과(因果)를 둘러보아야 할 것인가
고개만 갸우뚱하고 말 것인가

호로세적 개벽은 문명흐름의 혁명적으로 치환해줄
매개는 무엇이 관대 문명교체의 요체는
인간의 심상에 달린 무욕 무위의 세계가 전개될 것인가
아니면 과학 기술에 의지한 인간 삶의 패턴이 계속 지속할 것인가

회의(懷疑)와 질의를 거듭하는 혼돈이 우주에 가득 차
중과부적이라고 의심해보는 세모에
어느 선지자의 명쾌한 담화라도 들려주면
갑갑한 가슴을 열어줄 희망의 싹은 망상이 아니길 기원해 본다

티베트고원 설산은

녹아내려 매의 눈으로 낮은 곳을 찾아
두 갈래 황하와 양자강으로
서에서 동으로 가로질러 무심코 황해로 들어간다
황하는 북방의 유목지역 고리족 흉노
몽골 만주를 발해만을 거치고
양자강은 중원에 습지 호수 서식지에 머물다가
촌락 도시 가로질러 황해로 들어간다

지배자가 누구든 헐벗고 굶주린
백성에게 식량을 확보하여 치세를
떨치든 역사가 꿈꾸는 물길은
수변을 오로지 손발노동력에 의지해
수로를 파고 넓혀 논농사를 짓게 되었으니
까마득한 태초부터 움튼 꿈일까

수자원을 이용한 벼 심기
가축을 기르고 성벽을 쌓아
경계를 그었으며 메마른 초원도
물길 따라 푸르렀으니
종족에 상관없이 먹거리를

구하는 근현대까지 이어진다

도시가 발달하자 춘추전국 쟁탈은
중원에서 일어나 화족 한족의 터전일진대
북방의 땅 황하는 중원에 포함되지 않은 땅
물길은 천산에서 발원하여
메마른 황야에 목을 축여주는 초지는 유목의 땅이다

티베트 흉노 동이 고리족 후손들의
고구려 부여 발해를 잇는 벨트
안시성 쟁패는 으뜸가는 증거이자
기록이 스며있는 자유로운 초원의 땅이다

동북공정 이전에도 역사의 왜곡은
동서양 모든 민족 국가들의 쟁투는 심각하여
약탈과 살해, 강점의 띠가 드리워져
공포의 매듭을 풀려면
서로 위협 공포 대신
소통 교역하고 평화 동맹 협력하는 손을 맞잡아야 한다
 현대 핵무기 위협에 자유롭지 않게 되었으니 자초한 꼴이다
 팬데믹 기후위기와 함께 노출을 더한다

태초로 돌아가자

인류는 손발 소리로 소통하다가
소리는 언어가 되고 기록은 문자를 쓰고
서로 화합하고 동맹하고 협력하는 동반자로 영속되어
왔다

성장통이랄 수도
인류세 호모 사피엔스의 지혜가
오늘날 살해가 없이
살아가는 양심, 평화의 혼불을 밝혀줄 것이다

죽음의 실체는

1.
하루 스물네 시간
한 달 서른 날
일 년 삼백예순 닷새
살아남아야 한다는 삶이다

스페인 광장 스타디움
별나라로 떠난지 수세기 지나서도
관객자리를 차지한 혼(魂)이 앉아
여전히 정벌의 영광을 고함친다

누에보 다리거리에 따가운 햇볕
칼날은 반사광을 업고
허연 거품을 문 숫소를 노린다

백(魄)은 지구촌을 잊어버렸나 보다
후손들에게 물려준 소 잡는 법을 다시
세기를 다듬느라 땀범벅이 눈을 찌른다

2.
네가 죽어야 내가 산다
죽음은 삶의 연장이라 죽여야 살지만
투우사가 살아
집중하는 심중이 예리하게 박동칠 때
선뜻 내비치는 냉혹한 잔혹함이여!

용기와 지혜로 겹겹이 검고 붉은 의상에
홍건히 땀이 배고
네가 터뜨리는 트라이엄프(triumph) 월계관이다

부르짖는 단말마는 내가 사는 길이라고
어금니 부서져라 외쳐 만백성에게 전하라

피 칠갑한 죽음을 선사한다고
데시벨 높이지 말고
소곤거리는 육성이 더 설득력이 높으니까

목울대를 열면 위험해
너를 죽이는 까닭이니까
잊힌 잔인한 외마디는 인간의 실체를 현현하는
우를 범할 위험인자
스크린 앞에 관객이 지키고 앉아있으니까

3.
누구나 죽어야 살아난다
죽어야 철이 들고
과부 심정은 죽은 남편
송장이라도 이부자리에 눕혀 놓고 싶다

붕새가 수억만 리
장천을 날으며 한 말이 죽음으로 희생할 때
다변의 언어는 법을 빌어
만백성 이웃을 억압하는 전제라고 교활한 지혜를 사기라고 전한다

무언은 백성이 너의 존재를 까맣게 잊어버리고
균형 있는 살림살이에
오소도손 자손 번성하는 태평성대라고

무자식이 상팔자라는 경쟁 싸움 전란은
헌 짚세기 썩어버린 망각의 낙엽단풍이요
춘추전국을 끝내는 평민의 민주역사다

영고 동맹 무천의 한마당에 훨훨 춤사위다
화회 춤마당 양반이 상놈을 웃기는 사캐즘(sarcasm)이다
평화를 누린다고 철학자가 쓰지 않겠는가

4.
너의 희생이 그을음이고
고귀한 희생이라
나라인들 못구할손가

너를 투사하는 용기는 심중에 누적된 의식이며
그 제삼의 의식이 성장하여
변용 무의식이라는 빈 상태가
바로 성스런 치허(致虛)일까
무념무상(無念無想)이라 할까

고독한 아집이 번제(燔祭)를 올리는 의식을 치를 때
오른 마른 장작 위에 얹혀있는 시신이
바로 너 자신의 실재(實在)라고 인정하라

그러면 너를 죽이고
네 생은 소소(素素)하고 검소하며
살해 욕구를 다스려

타자는 인간 종족 간에도
동식물을 막론하고 싸움하고
지배하기에 길들여져 있으니까
네 몸을 잘 보살펴야 할 당연함은 개체 세대로 이어지며
살뜰하게 친애(親愛)해야 하지 않겠는가

무제(無題)가 춤추는 무대(舞臺)

꽃길에 천상 나비가
세상 구경 나와 두 팔 펼쳐
춤추는 날개가 팔랑거리며
춤사위는 사뿐사뿐 버선코

영롱하게 펼쳐지는 광(光) 다발[束]
프리즘에 닿자마자 멈칫 분절(分節)하더니
흩어진 빛은 눈부셔 무지개 사랑을
하늘로 철새를 훠이 훠이 날려 보낸다

동그란 이마
하얀 얼굴
가로 얇은 눈썹
그늘이 돋아나 가지런한 속눈썹
깊숙이 감춘 맑디맑은 눈동자
콧잔등에 땀방울은 송골송골 맺힌 행복
윤무는 순간 약강을 집어내
천둥 번개로 순풍이 반전시키더니
관객은 경이로움에 놀란 백로

넓은 소매 연기(演技)는
창천(蒼天)을 덮었다가 열었다가
장단 곡조에 저고리 적삼 휘돌아
치마 품은 부풀어 오르락내리락
허방을 불러들였다가 쫓아내 홀쭉했다가

절묘한 선과 면은 체적은 도돌이표
먼 데 기억(記憶)해낸 고흐의 밀밭
연이은 황금 들판 끄트머리 비밀장소 곳간은
붉은 포도주가 가득해 이웃을 불러 모아보아라

어디를 보아도
필화로 그리거나 붓질해도
가슴에 드러내는 심사(尋思)
만질 수도 없는 긴장은 사라지고
시방내린 안색은 평화 흡족모드이더라

공중에 허언을 달아내는
놀라운 재주가 한마당이니
나뭇가지와 잎에 그림자 형상으로
아무 이름표도 없이
무대(舞臺)에 선 무희(舞姬)는
열락(悅樂)을 그려내는
기적이 놀랍지 않은가!

아이스버그 여행

그린란드 얼음 대륙
무너져 내린 조각마다
떨어져 나온 순간부터
평생 이별을 안고 둥둥 떠다니며 산다

얼음 가족 별로
구분 지워 구성원마다 각각
아버지, 엄마, 아기 1, 2, 3… 얼음
누가 불러주는 이름도 없다

캐나다 아메리카 해양감시소에서
한번 고유 지명번호를 달아주면
팔분의 일만 머리를 내밀고
몸은 숨긴 채 살아가는 여정이라
북대서양을 거쳐 칼라비안 걸프
지나면 애써 소멸하는 운명이다

항해 충돌을 감수하는 모험은
포세이돈에게 폭력 저항하는
짓시늉이라고 억눌린 분노이고

눌린 속울음은 되레 우아함이다

태생이 공격성이라 때때로
부딪치면 치명상을 입힌다
입술을 짓씹는 까닭은
부드러운 몸매가 아니라
호모 사피엔스의 우월감에
저항하기에 갖춘 전사복장이다

지구촌 기후 위기!
그 슬픔은 온몸을 녹여내는
눈물이고 공포라고 부르짖지만
인식과 실행은 더디다

태초 인류가 천심 따라 탐심과 낭비를 잘 다스려
도가적 지혜까지는 미치지 못하더라도
절제된 삶과 절약하는 녹색인생이
멀수록 돌아가는 지혜로운 적응이 바로 희망이다

삼봉 정도전의 시대정신을 살리자

45억 년 처음 탄생한 지구행성
좁쌀만 한 크기의 점
하나인 유일무이한 별
'창백한 푸른 점'

그 속의 '너와 나'란 백성은
면면이 이어져 온 유구한
역사의 가장 소중한 존재이다

두꺼비가 헌집을 버리고
새집을 짓는
새로운 광명의 시대를
열어젖힌 위대한 개혁가
봉화백(奉化伯)이시어

위화도 회군 요동정벌의
담대한 뜻이 모여
혁명가의 각오와
기개(氣槪) 마침내 이루어져

한성 궁궐과 길을 내는 대업이
방대한 도시계획과 북한산 성벽을
쌓아 올린 그대의 공적이 빛나

세세 대대 칭송받아 마땅한 업적이요
정조 때 신원복귀는 사필귀정일진저
그 여세가 창창히 이어질 것이로다

부패하고 무능한 낡은 나라 고려의
권문세족의 토지를 몰수하여
농사짓는 농부에게 분배하자는
주장은 시대를 앞선 개혁이라

근대 헨리 조지의 토지분배와
시대를 앞선 과세이론을 주창하신 혜안은
현대까지도 그 실행이 미완인 까닭에
미래 밝은 시대에 기필코 이루어지리라

홀로 자전거를 타는 복 받은 자

스쳐가는 바람은 부드러운 비단
흰 구름 위로 천상의 멜로디
벌 나비 자웅은 비상하는 아리아
다리와 발은 사랑하는 아베 마리아

돛단배를 타고 어망을 치는 할아버지
투망을 들고 갯도랑으로 달려가는 아버지

'아뇩다라 삼먁삼보리'*
상구보리 하화중생
'위로 보리를 구하고
아래로 중생을 교화하라'고 가르친다

호모사피엔스의 삶과 투쟁에 덧대어
태초부터 큰 가르침은 면면이 이어져
적게 먹고도 얇게 입어도
가난한 마음은 자유와 사랑을 노래한다

* 범어로 '아뇩다라 : 무상(無上), 샴막 : 정등(正等), 삼보리 : 정각(正覺)'이며 그 뜻은 "가장 높고 완전한 깨달음"이다.

회상(回想)은 길을 잃어

추위라고 하긴 이른 입동(立冬) 날
기다리는 절기(節氣)마다 허망하게 지나고
세모(歲暮)로 치닫는 굴절은
곡선을 오르내린다

소설(小雪)에 눈발이라도 내리면 덜 허전할 터인데
분절(分節)해버린 아랑은 떠나가버리고
포도에 비도 내리지 않아 메마르다

추석날 영하로 내려간 첫추위가
수성천(川) 건너는데
반바지 소년은 소름이 솟아나고
냉기를 맞서서 턱을 떨었다
캄캄한 집에 놓인 부뚜막에 남은 온기는
그리워하는 목마른 엄마 체온이다

불 꺼진 창밖으로 눈 덮인 골목길
장갑 목도리 귀마개로 감싸줄
들려오는 구둣발 소리는 분명 아버지다
빈 들판에 첫눈 내리던 날 회상은 느린 동영상이다

돌십자가 성모마리아 소상*과 함께

귀신이 숨긴다는 신묘한 '신비(神秘)'는
경주 철제 십자무늬장식
발해 동경용원부 팔연지 삼존불상 목에 십자가와
솔빈부 연해주 아브리코스 절터에서 출토된 십자가
산해정령(山海精靈) 신라본기 11권 심목고비(深目高鼻)
서역인이다

비어있어도 가득 채울 수 없는 바다
깊어 근원은 없어 어둡다
검을 현(玄)자로 존재를 인식하려는
너는 깊을수록 검게, 검푸르게…
푸르다가 강수를 영접하는 친절은 절친(切親)인가
도대체 하얀 포말이 하고 싶은 문자나 언어는 무엇인가

차츰 치렁치렁한 검은 의복을 벗어던지는
그라데이션Gradation은 경극가면 패왕별희(覇王別姬)인가
밀밭 허수아비, 해바라기는 빛을 따라
쫓는 날짐승도 아닌 보이저 1, 2호기는
우주 공간을 포용하는 의형제인가

상제(上帝)보다 앞서 감수 분열한 최초 유전자 DNA는
호모 사피엔스 누구의 자식이며
자기복제 유전자의 미래는
현대 개체 내에 살아가는 신인류 MZ들 AI들아!
너희들이 한번 풀어볼 수 있을까

동(東)은 형이상(形而上)의 실재는 '비우기', '충허(沖虛)', '도(道)'라는
반면 서(西)는 현학적 이성, 그리스 철학, 수학 이데아…
끈이 닿는 역사며 과학이며 진리는 심심(深心) 조화
맨발의 우담발라*가 피우는 꽃은 아름답다

* 돌십자가 성모마리아 소상 : 서역인이다, 박현택의 『박물관에 서성이다』 일부 발췌인용

공룡알 닮은 석조인간

돌들은 태초의 몸뚱이를 여러 수십 수억만 년
죽을힘을 다해 수행하는 연유가 무엇이관데

스스로 밝은 날이나 흐린 날이나
눈비 오나 폭우 태풍이 치거나
제 몸을 마모시키는 고행이기 때문일까

닳고 닳은 둥금은 석조 조상인가
그러기에 말 많은 사람들은
공룡알이라거나 몽돌이라 한다
바닷가에 둥그런 역사가
긴 수련을 영속할 따름이다

파이 원주율은 모순이 없다
3차원 입체공간에 1차원 더한 시간을 덧붙이면
매끈한 원형 인조입체 조상이 탄생하게 되겠지요

끊임없는 절차탁마의 아름다움은 석조 일망정
황혼 녘 바다 스크린에 마애부처상을 보여주매
사랑을 받는다

지혜로운 제3의 길은

모래성에 쌓은 지구촌의 위기는
핵전쟁, 지구온난화,
과학기술은 인공지능의 만능시대로
물질경제가 막 내리면 과학기술 발전으로
오늘의 전문직은 내일의 실업자
전쟁의 이득도 사라지고
기후변화는 지구적 테러
과학기술은 통제되지 않는 위험인가
인간생존을 흔드는 허구인가
권력과 힘은 민주주의를 병들게 하는 허구
스스로 허구의 노예로서 인류를 행복으로 바꾸지 못해
호모 사피엔스에게 '제3의 능력'을 가진 존재일까?
그 답은 '지혜의 길'을 제시할 것이다

그저 생존하는 밈(meme)*은 없다

일월 천신이 하림하시어
초목에 풍우를 적셔주시니
벌 나비 자웅이 분방하게 부지런해
대지에 젖과 꿀 그득하다

30억 년 짐승들
분화가 덜 된 단세포 생명체들
포유류는 생멸을 이어 자유 의지로
유전자는 생존하여 거듭 선선해진다

무지막지한 천변지변에도
불구하고 지혜로운 인간은
주술보다 죄악을 씻고
회개하여 거듭된 도전과 응전으로
생명의 은총을 입은 건가
그저 불멸화신으로 살아남은 건가

종의 멸종은 아마존의 산불
GMO 식품 인조감미료
Chat Gpt AI 인조인간 대결은

장면마다 낯설고 기괴한 돈벌레가 변신한 건가

인간의 탈을 쓴 본래 모습 일란성
암수분화 생명체를 이어주는 띠

그 정체는 늘 변신의 연속 스펙트럼인가
조그만 벌과 개미 사회적 협력은
인간보다 행동지수가 높은 표본이 되어온 건가

유전자 단위 지놈은 차별화 과정을 거치며
고귀한 생명을 대대손손 처음과 끝을 마주해 보는
생의 비밀은 밈(meme)이란 미세한 최소 단위라고
누구의 주인공이라고 보여줄까

* 밈(meme) : 자기 복제자

삼복(三伏)은 변곡점이다

장마에 무더위 겹쳐 허기지고 무기력해질 때
절기마다 때때로 분절이 일어나는 점
삼복(三伏)은 초복 중복 말복 셋이다

삶의 터닝 포인트마다 굴곡지는 곡선은
인생마다 변명하는 바르는 물감이지만
시이소는 회전 중심점이 스스로 겹쳐
소코뚜레 속박이라는 굴레라고
자연주의자는 냉소한다

미끄럼틀 꼭짓점에 오도카니 두려움을 숨긴 새침데기가
곤두박질 직전 찰나 도우미가 마술을 걸면
흰 이를 드러내며 커다란 함박웃음이 터진다

지구 중심점을 향하여 스르르 빨려 들어가는
사건은 인력이 상호 작용하고 인간은 사람 간에
교감신경이 교차하는 공생과 협력이며 즐거운 환희고
소소한 놀이는 오락이고 소박한 기쁨이다

절기의 본질은 다툼을 건너 삼삼오오

이웃 간 곤란을 넘어 희로애락이라
웃음은 자기 겉 표현 다툼을 삭여내는 최고 방어기제

순간 꽃다발을 건네는 양팔
맑은 얼굴은 수선화이고 서로 껴안는 따스함은
포용이고 또한 협력은 평화의 나눔이다

3부.
아버지

하루살이

구사일생 헐떡거리며
온전하게 살아보기로 작정을 하고 나선 길

막 밀려드는 잠에 빠진 마른 인생에
폭도의 비웃음을 상관없이
길손은 숨을 곳 찾아 들어왔다

허연 거품을 내뿜는 게와
차디 찬 수조에 대기 중인 어족들 동병상련 서로 쓰린 생채기를 보듬는다

고뇌하던 생사를 던져버리고 지느러미를 흔들어댄다
의식이든 무의식이든
이차방정식은 시기 질투 경쟁이다

변명하거나 배반하지 않는
하루를 시렁에 올려
향을 피울 참인데
빼끔거리는 입이 아직 살아있다

관을 쓴 뫼

잘 생긴 그대 이름은 관악산(冠岳山)
그 자락에 움막을 틀어
세간살이 들여놓고 허장성세 부린다

식 때마다 쌀밥 이곡에 생선 한 토막이라도
상에 올려 "어서 드소"
아내 손에 물마를 날 없다

하루하루 연명하여 이날까지 이어 옴은
엄니 다음은 그대의 공로요
육신 곳곳이 아직 쓸만하오

삼성산 허리에 단풍이 알록달록 색동을 입었다
국기봉에 서리가 허옇게 내려앉았는지
연주대 법당 아래 아찔한 사바세계
볕이 나면 다리품을 팔아 올라가 볼까나

그림자는 암흑 속에

노크 없이 찾아온 손님
밝음을 주려는 의도일지라도
아픈 커튼은 아랫단을 걷어 부치고
어두움과 치열한 승강이를 벌이는 중이다
바로 암흑의 전투가 벌어지는 전쟁터다

과거와 현재는 시점을 분할(分割)하기
어려운 기억이 뇌세포에 저장되어
수목의 수액이 온몸을 돌아온다 할지라도
제 자리가 따로 있으면 좋으련만 정위치는 없다

그러면 과거는 x축, 현재는 y축과 미래는 z축, 시간 t축
4차원 공간이라 가정한다면
정형화된 시멘트 콘크리트 집인가
집은 숨을 쉰다는데 웃음이 가득 찰 때와
시름이 꽉 채운 공간은 숨을 멎게 하는 먹구름이다
고로 공간 가정이 틀린 명제 부정일 수밖에 없다

덕성과 행운이 항상(恒常) 동행한다고, 아니다
앞서가는 나그네는 홀로 걷는 독립존재일 뿐이다

공간에 기운이 뻗쳐 있는 어떻게 행신(行身)하느냐
자동차 운전할 때 어떤 자(者)가 어떤 길을 갈거나
동행이 있을 수 있다지만…

결국 운전자에게 맡겨진 인생은
명암이 드리워진 무대에 어떤 운행(運行)이 펼쳐질까
에 달린 것이다
천기에 의지하던 막(幕)이 내려지고 배우는
희로애락(喜怒哀樂) 안개 속의 고독을
포용하는 생존(生存)으로 남는다.

공허(空虛)한 날

소한과 대한 사이
눈이라도 올 법한 흐린 날에
부엌을 들락거리는 생쥐 한 마리

무쇠 솥뚜껑에 쌀밥 수증기는
머리카락 헤치고 풀풀 날아다니는
김의 비상은 마법일까 변신일까

배고픔을 달래주는 구수한 내음은
마법의 파동인가 노래하는 요롱(搖弄)의 가락인가
후각은 기가 막힌 수신호를 임시 저장한다

엄동설한 어둑해질 무렵
쇠죽솥에 여물이 익어가고
시장기는 뱃가죽을 딱 붙이고
코뚜레 어미 소가 혓바닥을 날름거린다

대청마루 건너 사랑방 손님께
허연 쌀밥은 마법지팡이 헛기침을 타고
"고봉으로 담아 주시오"

주문을 욀 때가 바로 지금이다

하루 종일의 무료함과 다투는
촌각은 저잣거리를
휘저으며 날거나 바쁘게 걸으며

잠잠하던 허기진 영혼은 손사래치며
해넘이 둥근 석양에 충만한 열기로
씨줄 날줄을 비밀하게 짜맞추어
1일을 마감하는 무언의 의지는
'결자해지'하는 것이다

질박한 토기

점토를 이겨 물레질
겉모습에 빗살을 그어
신분이 미천할수록 툭박지다

배달족 움거가 오늘도
숨 쉬는 증거를 점점이 이어
선을 따라 강을 건너
산 너머 고산준령 깊은 골골마다

삼족은 가족 씨족 민족의 주거지에
토기 굴 파서 오지그릇마다
오곡 넘쳐나는데 배고플 리가 없다

불 피우고 구들장 데워 추위를 물리치고
안온(安穩)을 구하여 그릇에 담아내고
존재와 생존은 차별이 없으니
평등과 협력, 순종은 미덕
번성할 것이다

아버지 · 1
- 이 시리즈를 아버지 조항제 님께 바칩니다

조상님들께서 은덕을 베풀어
일제 강점기 농지 저수지를 열어
논농사하는 마을은 수리 안전답
옥토로 농수를 의좋게 쓰라고 내어주시고

대소가 가가호호 보리쌀 1섬 각출하여
두레 결성하여 한골산 300정보
조상 모시는 묘지터와 농사철 퇴비하고
나무해 때는 화목산지로 내주시었다

유랑극장 배우 흉내를
가장 잘 내는 소년 시대를 지나
하만들 농지를 돌보는
청년이 된 책임자

말을 부리거나 오토바이를 타고
으스대기도 하고 싶은 젊음
동네 꼬마 씨름판 붙이기를
내기 놀음을 좋아했다더라

아버지 · 2

전후 세상은 혼란해지고
팍팍한 삶들에 쫓겨 다니느라
떠꺼머리 신세 미장가 총각
중매쟁이 쇠전이 급한 노릇이라

흑백시대 찍은 사진 한 장
중매쟁이 손에 들려 보내지고
소문난 부잣집 자제에
논밭 과수원 주인이라

중매쟁이 변설에 무릎을 딱 치시고
단지 다리 저는 흠 있는 신랑일지라도
덜컥 허락하신 시골 양반 회동어른
가을 알곡은 부지런한 매파 몫으로 챙겼을 거다

6.25전쟁 북으로 끌려간 큰사위 잃고
친정살이하는 큰딸 애간장 끓어오르는
애처로움에 설움을 달래길 없었는데
그 지경에 가뭄에 단비 같은 희소식이라

쟁골 산마을로 피난하던 숲길에
독사에 물린 다리는 퉁퉁 부어올라서
붓기로 생고생 양수겸장 외통수로 갑갑하던 차에
난리가 나도 군에 안 가는 사위가 안성맞춤이라

선한 얼굴빛에 동하시어 청혼수락하시었나
덩실덩실 춤이라도 추고 싶은데
둘째 딸은 보따리 싸 짊어지고
부산 송정 작은집으로 줄행랑쳐버렸으니

어찌할 거나 이런 사단을 내었으니
사변 통에 방년 낙랑 21세는 열여섯
이팔청춘 진배 없으니 이 혼사 망칠 일 어떡하시나

아버지 · 3

이 노릇을 어찌할거나 둘러대길
부산 조방 방적공장 사장을 찾아가는데
의원나리 대동하고 하이어 차에 태워갔더라
여사무원 취업자리 청탁 핑계대어야

영남 유림의 후예들 반상의 관습이
시퍼렇게 살아 있는데 가당키나 할까만
어르고 달래는 저승 가신 어머니 봐서라도
새색시 족두리 쓰고 신행길에 오른 것이었다

파나마 운하공사가 개통되어
대서양 태평양 통수하더라도
누가 개통 테이프를 끊었더라도
상관없는 세상은 멀고 먼 이야기일 뿐이다

신접살림 임하천변 자갈밭 손발이
갈퀴가 되도록 모래땅을 일구느라
일본서 사과묘목 수입해 들여와서
과수원 일꾼이자 마침내 주인이 되었더라

아버지 · 4

사과나무 심은 고랑 사이로 놉 들여서
밀·보리·옥수수·조 작물을 심어
양식을 늘리는 지혜를 가르치시는 분이 되셨다
세퍼트 개 두 마리와 함께 놀고 있는
어린 아들은 원두막에 꽃잠에 들었네

전후 자유당 혼탁하던 시절 손위 형제
난봉 분탕질로 턱없는 고리이자 때문에
빚은 늘어만 가고 가세는 기울어가니
논밭전지 사과밭은 날아간 파랑새가 되었다

빚쟁이 어른도 대소가라고 초가집
단칸방 얻을 돈을 주었다고
객지살이 떠나는 어머니께 유세를 하네
목숨줄 은인이라 고두삼배 웃고픈 시절이었다

도시변두리 새벽 종소리 울리는 교회당 옆집
지붕 석가래 틈새 제비집 지어놓고
아침저녁 지지배배거리는 셋집은
봉창이 골목으로 난 길가 흙집이라도
새 보금자리에 누우니 사람 제비이더라

아버지 · 5

형제분들이 밀린 집세로 쫓겨나는 신세
손수레에 농짝 이불 등속을 싣고 밀고 당기며
물도랑 건너집 아래채 농수로 건너
종이공장 쿵덕쿵덕 떡방아 종이 짓이기는 소음이 낮 설었네

뒷집 노인네 새끼공장 철거덕거리는 소음
마룻장 아래 부엌 아궁이를 걸고
심겨진 고구마는 할머니를 기다리다가 식어버리고
하얀 찔레꽃 돌담을 너머서 길 따라 걸어간다

동네 아이들은 건빵을 사러 양계장 지나
군부대에 미리 정해진 철조망 느슨한 곳을 찾아가
3환에 한 봉지, 5환에 두 봉지를 주고 살 수 있으니
허기진 배고픈 아이들에게 한 끼 양식이라 놀랍지만

외출 외박가는 병사들의 군화가 반짝이는 날
단속반이 왔다 돌아가면 철조망이 시끄러울 때
집으로 건너오는 시멘트 다리 아래 농수로를 막아
물을 퍼내고 천변 물고기 잡는 뜰채 주인은

펄에 팔딱이는 미꾸라지 잡아다가 추어탕을 끓인다

추어탕 끓여 만난 이웃끼리 정을 나누고
음식을 차려 먹던 헐벗은 시절에
아버지와 어른들은 막걸리 한 잔에
젓가락 장단 소리가 들리는 듯하다

아버지 · 6

백여 걸음 떨어진 상류에 연못이 있는 양옥집은
냇가의 둥글납작한 돌들을 가져왔는지
벽을 쌓아 출입문을 내고 창문을 넣어
유리창틀은 흰 페인트칠이 부자티를 내었다

철대문 옆으로 담이 없는 철망 안이 훤히 트여
큰 연못에 팔뚝만한 잉어가 무리지어 헤엄치고
연못을 둘로 이등분하여 다닐 수 있는 길 위로
스코틀랜드 풍의 원피스를 입은
여자 아이가 살아 딴 세상 사람인 듯했다

연못입구는 친구네 집 앞 섶다리 아래로
흐르는 농수로는 꽤 넓어서 수량이 충분하여
수초와 노란 화초를 보려면 친구한테 갈 뿐
근처에 같이 놀아줄 친구는 입이 합죽한 할머니 손자
는 당나귀 귀였다

뒷집 새끼 공장 노인네 손자는 내 친구
동네 거름더미에 꼭두각시 보고 놀란 가슴

집으로 함께 도망쳐 와 숨을 몰아쉬었던 날
천연두 예방접종을 하고 팔뚝이 부어있었다

아버지 · 7

동동구리무 분장수는
구두 뒤축에 끈을 달아
쿵쿵 북을 치는 내내
연신 웃으며 신명을 내었다

버스길 건너 골목 끼고 돌아가는
들 초입 봇도랑 옆
마당이 있는 집은 주인
막내딸 옥련이네 집

마당에 솥을 걸고 아버지는 부산 가시어 배워온
도넛 · 꽈배기 · 생강과자 제과기술로
미팔군 후문이나 교동시장 시장에서 사온
쇼팅 기름에 튀겨내기 시작하는데
어머니와 새로운 삶의 출발하는 순간이 다가왔다

시작부터 어머니는 주문받으러 다니시고
사촌형은 자전거로 배달가거나 팔러 다니고
농수로 위 건너편으로 통나무를 걸쳐서
농우 수레를 세워두고 바퀴를 돌리며 놀던 시절

〈

할머니는 어린 손자 데리고
치맛자락에 감추어진 꽈배기 봉지로
돈으로 바꿔 사진관 아래 닭개장집으로 내달아
손자 보신시키려는 마음에 동의하니 그 맛은 천하일미라

아버지 · 8

매일 수성다리 밑에 가설극장을 열어
낙랑공주와 호동왕자 유랑극에 출연하는
눈 화장을 검게 칠하여 뽀하얀 얼굴인 배우들은
별나라 사는 화장을 한 삼국시대 사람 구경이다

막간에 배우가 가까이 오면 눈을 피하고
배우에게 약을 산 적은 한 번도 없다
신파극은 하루 종일 웃고 우는 우리네 삶
인생유전을 어려서부터 배운 것이라

귀신도 그런 귀신이 없지 시골 가신 어머니 눈 피해
창졸간에 나타난 대소가 피붙이들 악마가 따로 없어
도넛 꽈배기 숨겨 동네 가게에 돈 바꿔
호주머니 불리고 술 받아먹고 탄피 돈통에서 돈을 훔치고

시골서 쫓겨났는지 살러왔는지 여비 받아 가고
먹고 자고 마시고 감언이설로 푼돈 뜯어가고
아버지는 한 번도 거절한 적이 없이 웃기만 하시고

염치없는 품세가 노름판 개평 뜯어 내듯하네

아버지 · 9

길안천 다리 교각이 없던 시절
강보다는 수량이 적은 하천에 시골버스가 지나갈 때마다
자갈바닥은 타이어 닿는 소리가 뿌지직 파열음을 내며
작은 배가 노 젓듯 물을 밀어내는 파형을 만들며 건너가곤 했다

먹치 붕어 송어 빽치 뿍쭈구리가 살아가는 하천유역에
물길 따라 마을 지붕들이 줄줄이 이어진 경관조각이
입체감을 주는 촌락마을들은 풍부한 유기물의 보고이자 식생의 근원이었으니
물고기 생활터에 반도나 초망을 들고 잡으러 반나절씩 들어가 사는 것도 무리는 아니다

비린 것은 입에도 못 대고 먹기를 싫어하는 아들에게
먼저 홍수에 떠내려온 나무토막을 주워와 불을 피워놓고
물고기 배를 따고 꼬챙이에 가지런히 끼워서
훨훨 타는 불에 타지 않게 바싹 구워주시는 데 그맛이 일품이었다
솥을 걸어 물을 펄펄 끓도록 불을 지피면

잡어를 넣을 수 있도록 불힘을 조절하시는 것도 정말 솜씨가 좋았다.

매운탕을 끓이는 솜씨는 별로 맵지 않고 간간하게

어린 아들 입맛에 맞추는 그 솜씨는 할머니한테 전수 받으셨는지

항상 최고의 맛을 자랑하여 어머니는 도저히 따라갈 수가 없었다.

고향 갈 때마다 그곳을 지나칠 때마다

맨 먼저 머리에 떠올리는 것은 영락없이

노릇노릇한 물고기 구이가 지금도 바싹거리듯

으스러지는 입안에 전하여 오는 기억회로는 살아있는 영감을 스쳐 지나간다

지금은 사오백 미터가는 교량이 놓여져 있지만

씹을 때마다 바싹 으스러지듯 바싹거리는 것이 일품이었다

아버지는 라디오 학원 다니는 직업구하는 구직자

종이노끈 공장 사장 동생

연필공장 노동자

세탁소 다리미질하는 세탁공

육소간 겸 식육식당 주인

드라이클리닝 기계 돌리는 세탁소 주인이었다

어메 달은 한가운데

더 크고 더 둥글고
기도하는 바람도 더 밝고 더 높다
열나흗날 저녁 밝은 달이 뜨면
한자리에 모여 햅쌀 송편을 빚으며 보름달 닮아간다

예쁘게 만들면 예쁜 색시
잘못 만들면 못생긴 숫총각 만난다고
처녀총각들 송편을 예쁘게 만들려고
지극정성이 하늘높이 닿을 거다

여름내 무성한 잡초
벌초 못한 묘소는 동네 웃음거리
4대조 고조(高祖)까지 차례지내고
고조 윗대는 시월 시제(時祭)를 지낸다

유리왕 이사금 9년
신라 6부를 둘로 나누어 길쌈놀이
진 쪽이 술과 음식을 차려 이긴 쪽에
사례하였으니 가배(嘉俳)라 일컬었다

벼 무르익고 먹거리 풍성해
즐거운 놀이로 밤낮을 지내
소 거북 멍석 둘러쓰고 집집마다 음식 나눠 먹던
'소놀이'와 '거북놀이'

진주명물 소싸움
가마놀이, 반보기, 밭고랑 기어가기

쾌청한 가을 날씨
이날처럼 잘 먹고 잘 입고 잘 살고자 하는 바람
배곯는 며느리
더도 말고 덜도 말고 계속 한가위만 같아라

느린 가락 진양조가
점점 속도를 빨리해 춤추는 강강술래는
젊은 여성의 해방감

시집살이 어떤 신가
고초장초 맵다 해도
시집살이 더 맵더라 강강술래
우리 어메 시집살이 강강술래

입춘지절(立春之節)에 바치는 노래
- 장모님 영전에 올리는 조시(弔詩)

고운 흔적만 남겨 주시었습니다
조근조근 말씀하시는 입술이
그렇게 아름다우셨습니다

설중매 천리향(千里香)을 따라
문밖을 나가셨나
천상(天上) 꽃 화신을 쫓아
그렇게 조급히 나선 길 일리가

잘난 사람 평범한 이들과
물품이 오가는 길목 삶의 터전이자
시발종착지 김해공항 김포공항
생동이 넘치는 칠성시장 대판(大阪)시장

인향만리(人香萬里)라고
벗을 잘 사귀시는 성품 인연 따라
삶의 미학이 내재된 서로 기뻐하시는
숨길 수 없는 현장을 저는 보았습니다

뙤약볕 오뉴월 처음 뵈온 한 여름

내어주신 냉미숫가루 한 대접
건넛방 할미님 옳구나! 맞장구에
쓸어내리던 낯선 상황이 장지 턱을 넘었지요

백고무신 사뿐사뿐 내딛으며 걸어오시는 분
연분홍 치마저고리 차림 추스르시며
담장 장미넝쿨 봉산동 골목길이 눈에 선합니다

삼백 리 길마다 않고
손주들을 위해 달려오시던 시절
15평 주공아파트 좁은 사택에
바깥사돈과 어색한 부딪칠 동선이
매우 불편하심에도 불구하시고 흔쾌히 오시었지요

용돈 한번 넉넉히 드리지 못한
노래방에도 한 번 모시지 못한
저희들은 가난하고 젊고 건강했습니다

하늘도 푸르디 짙푸르고 연세랄 것도 아닌
쉰 문턱도 안 넘으신 청(靑) 푸른 젊으신 시절
그 모습만 눈에 담아 기억하고 싶습니다

삼성산 메아리가 그칠 때까지
고운님께 바치는 봄의 노래를

목청껏 불러 드리리이다
화답하시는 수고는 않으셔도 됩니다

부디 이생에 미진(未盡)한 죄악은 사라지고
천상지락(天上至樂)을 누리소서!
고운님 가시는 길에 화분(花粉)을 뿌리오니
주님께 영원한 안식과 평화를 비 오니 받아주소서

잔디가 마르지 않는 날 다시곰 찾으리이다
사위 조영래 엎드려 재배합니다

* 단기 4357년 이월 초하룻날 새벽, 서기 2024 .02. 01.

4부.
내 고향 과수원

못생긴 모과는

멀끈한 정원수 큰 키를 자랑한다
얼룩무늬 옷을 입은 이로운 멋쟁이라
서방 멀리 카키색 복장이지만
속진 꼴은 동남방 어름이라 겉과 속이 다르다

입에 오르내리는 네 번 놀라는 과일
너무 못생겨 놀라고
향기가 너무 좋아 놀라고
맛이 형편없어 놀라고
건강에 이로운 성분이 듬뿍 들어 놀라고

사시사철 기나긴 뙤약볕을 맞아가며
노랗게 익은 모과는 이기적 자기 색깔을 자랑한다
울퉁불퉁한 몸통은 몸빼 입은 뚱보보다 멋이 나지 않아도
황금색 알 열매를 씻고 닦아내 물기를 빼어낸다
손질 중에 칼 맛을 안겨야 반으로 자른 후 씨를 제거한다

소담한 대바구니나 소쿠리에 들어앉아 모과차를 내릴

미리 엄정한 명절 차례를 앞둔 차비를 마쳐야 할 건데
얇게 총총 편으로 썰어도 좋고, 채썰기도 좋아
대바구니에 담아 넣어 가을볕에 말리거나
건조가 충분치 않으면 오븐이나 무쇠솥이나 프라이팬에 덖어주세요

모과 과육을 말려 가루를 내어 모과편을 꿀에 재워 정과를 만들거나
모과찬 모과잼을 만들어 수시로 즐거이 먹고 마시기 편하며
땀과 노고를 차곡차곡 쌓으시고 떫은 고유의 맛을 내어준다
거친 맛을 잠깐 우려내고 새 물을 넣고 우려내시면 순한 향이 그저 그만이지요

천수답 무논 벼

잘 자란대궁은
아배 손톱에 낀 때
허우대가 멀쩡한데
디딜방아 손잡이 메달아 놓고
쭈그러진 양재기는 무심히
구석퉁이에 자리잡고 침묵한다

잠자리 겹눈은 공중으로
경비행기 궤적을 쫓아
익어 가는 논 자락에 안착하려나
누런 밥상보는 조각을 잇대었다

우금치 고개
무너미 재
성돌 없는 안시성
선혈이 찍힌 깃발은
흰옷자락 펄럭이더라

갈 디딜방아 찧는 어매
방아 공 앞에 쭈그리고 앉은 할매

청솔가지 타는 아궁이에
활활 속없이 무쇠솥은
돌아올 아배 기다리는
김이 풀풀 난다

내 고향 과수원

사과 한 상자는
아버지의 고뇌이고 피눈물이고
평생의 우울이다

퐁네프 다리에 연인들의
또박또박 걸음거리는 웃음소리이고
인공구조물에 의지한 기쁨이다

손잡고 눈을 쳐다보는
사랑하는 그들은 정원의 벤취에
머무를 수가 없어 걷거나 음울을
떨쳐내기에 온갖 용을 쓴다

계절이 바뀔 때마다
살아가는 방식이 수선을 떨어도
깊은 몰입이 가져다 줄 별리는
세느강 바닥에 묻어두어

공중 부양할 아름다운 이별은
견고한 성벽에 부딪치더라도

행복한 나누어짐이라 노래하는
아가페 정원의 한 떨기 꽃으로 피어나리

풋사랑 여행
- 사랑으로 한몸된 여행

들뜬 마음으로 백팩을 채워
나서는 걸음은 화사한 화병
꿈 많던 사춘기에 텐트를 짊어진다

오리 한 쌍이 사랑하는
둘 만의 여행을 가고 싶어한다

바다가 내려다 보이는
성 아래 철썩거리는 파도의
포말이 부서지는 물보라보다
더 아름다운 사랑의 언약을 한다

에로틱한 몸짓
절실하고 애틋함은 무지개가 된다

경주남산 팔부능선
삼릉계곡 가옥 텃밭
멥쌀 한 되 청무 한 뿌리의
미각이 오래도록 자극한다

거름더미에 피는 꽃

학의천 왜가리
꺼억꺽 늙은 가수 쉰 목소리
무대를 뜀박질하는 탈 활자화 노동에
땀범벅이 되는 것은 일상이다

손 안 영상을 뚫어지게 바라본다
커다란 소음도
고요한 바람도
우담바라 꽃잎도 파편화되어

먹판 늦은 포만감
저녁거리는 냉혈동물
따스한 아랫목
시인의 전자레인지가 띵 돌아간다

99%의 대표성은
1%보다 더 시세가 없다
마당 춤판이 막간에 잠시만 왔다 가버리고
억지신명이 엉덩이를 들썩거려 보태어낸다

곡우날 기로에 서서

비 오는 오전 7~9시 4mm
씻김굿하는 좋은 아침
황급히 한냉전선은 무너지고

찬란한 봄날
시샘이 밀려드는 여울목에
백로 한 쌍이 물놀이 한가롭다

눈감은 하늘 뭉게구름 사이
까만 점들이 움직이는 시선에
노래는 멈추고 긴장하는 종달새

녹색마차로 갈아타는 둔덕 너머
가르마 타는 숲길에 인연따라
인생 초입에 가냘픈 손가락 금반지

황금 기대치 높이는 들판에
외길은 너의 소유지를 가르는
누구의 물적 기반도 아닌
다툼의 유래가 숨겨진 세월탑

〈

빗방울 멈추는 차창에
기울려 구겨진 속바닥으로
유리바닥을 쓸어 담는다
너희들은 싸우거나 말거나
나는 끈내린 동아줄에 손껍질 벗겨지는 고통을 안고 서라도

마차를 돌릴 바퀴가 빠져
수렁에 갇힌 아픈 사랑
하루도 접은 적 없는 꿈날개
드론을 타고 눈내리는 알프스 정상 아이슬란드 그린랜드
미지로 날아 얼음 속 미라나 될까 보다

길동무는 도반이라

산 너머 난 길을 걷는
인자는 외나무다리에 걸린 운명
석산 동굴에 먼지 쌓인 발우
철탑 꼭대기에 단식 투쟁하는 노동자

수염이 석 자라도 먹어야 산다
아버지 공장에 품 팔던 김 씨 이 씨
말쑥한 구두 콧등 빛이 나폴대는
한낮 목탁 소리가 들리지 않는다

왕후장상의 씨가 따로 있다고
관습이 거란군 침입자를 끌고 왔다
시민의식은 똥통에 빠진 꿈에서 깨어나라
가마솥 누룽지 긁던 마른침을 삼킨다

하루를 기다리는 여삼추란
고약한 공존사회
한 달은 양식을 비축하여
갈라진 손길마다 풀죽을 쏟다

〈
낟갈이 끝단을 뭉치고
새끼 감아 매어두고
이 시대 누군가 외양간 펄펄 김 나는
여물통을 꽉 들어 채워줄 것이다

소실점을 넘나들며
먼지 터럭 하나 없이
언약 없이 사라지는 이는 바로
주인공이다

군고구마와 교회

가난한 조그만 동네에 새로 생긴 마을 교회
종소리가 울리면 발자국 소리도 들릴 가까운 거리에
소년은 고구마 화로에 장작을 지피는 일을 한다
드럼통을 잘라 만든 화로에 중간 칸막이 바닥에 냇가에서
주어온 맞춤한 자갈을 깔고 맨 아래 바닥에 장작을 지펴 불을 피운다

예배를 마치고 돌아가는 길에
교인들은 출출한 배고픔으로 화로 주위로 모여든다
그 소년이 맡은 소임이 무엇인지 놓쳐버리고

산업사회 전자시대에 아니 지금 집집마다
주방에 설치된 전기오븐은 생고구마를
물에 깨끗이 씻어 물기를 말려 넣어
전원 스위치를 켜면 30분 가량 열에너지가 익혀준다

소년도 교인도 없이 속도전의 시대에
노릇노릇 잘 익은 군고마와
개인의 존재와 상관없이

손 놓은 자의식을 강요하는 시대에
편한 맛이란 미각만 살아있다

스토리가 생략된 간소화되고 편리한 시대
하품 나는 일상보다 바쁜 고단한 삶에
너무 경쟁하고 아픈 사연에
소외된 개인을 품어주는 마을은 사라지고
따뜻함과 평화로움을 잃은 먼지만 날리는 황무지에
아이도 새도 날아가 버린 걸까

사라진 아름다운 동네
추운 날 눈이라도 올라치면
교회 종탑에 울림으로
당산 느티나무 아래에
눈사람 놀이하는 아이들의 재갈거리는 소리가 들리어 오겠지

둥짐도 없는데

힘든 신화 속으로 가는 바람길
생사 갈림 찰나에 열린 하늘길마다
뿌리박은 소나무들

사면 절벽에 막고 굴 계단은
아슬아슬하게 매달린 선반
아니 그보다 더한 벼랑 끝을
잇는 잔도라 할지라도
푸른 눈들이 찾아가는 동굴은
약탈당한 마음 닦는 수행처

금문교 일방통행 길은 아메리칸 드림으로 가는 지름길
체로키족 대장정은 어금니가 어스러지는 아픔
시대가 흐르는 사이는 바빌론 강가 눈물은
장벽을 넘는 생존의 숙제는 디아스포라

골짜기 정원마다 수국이 만발해도
전봇대 거리가 변함없다는 억설에 목이 멜 따름이라고
운명에 맡긴다고 손을 놓기엔
움켜쥐고 돌 틈에 숨 쉬는 의지라는 놈이

미풍에게 망할 허망을 이겨내라고 되뇐다

고창 선운사 쇠락한 기운을 차리고
담벼락이며 법당 마루에 윤기가 흐른다

누가 함부로 논할 수가 있을까

인생이 한 편의 연극이라면
차라리 재미로 엮을 수가 있을지라도
평생의 족적이란 명제 앞에
신문의 사설로 난도질 할 수도 없다

하루 종일 머릿속에
그 놈의 물고기를 뜰채로
낚을 수 있는 것은 아무 것도 없다
거기에 '철학'까지 붙인 '인생철학'은
더욱 미궁 속으로 들어가고 말았다

알함브라 궁전 미로에 갇힌 피리소리
매혹적인 분위기에 향은 연기로 타고 있을 뿐이다
베아트리아체와 운명적인 만남이라면
대서사시를 낳은 단테 자신은 쫓기는 망명객

영세를 받지 않은 로마 시인
베를킬리우스의 역할은
지옥과 연옥여행 안내자

지옥은 아케론 강
연옥은 남반구 어딘가에
천국여행은 천사를 닮은 베아트리체가 안내한다

천군과 악마의 최후 결전장
아마겟돈은 쩐의 전쟁이 되어버렸는데
돈의 마력은 모든 것을 시장거래로 유통한다
탐욕, 분노, 배신 어두운 의미도
생명, 자존, 자유, 행복 밝은 뜻조차도
사고 팔 수 있는 시대가 되어버렸다

지구를 딛고 있는 자신은
밝은 빛을 쫓아 나비 짓을 하는
외로운 먹잇감이자 단독자

익어가는 가을 갑판에 서서

1.
울렁대는 검푸른 파도는
심해에게 노크한 답장이자 울림이다
하얀 포말은 깊은 슬픔을 이겨내려는
광대가 내뿜어 대는 게거품이다

분출하고야 말 백두산도
백록담 분화구도 아닌 것이
대륙붕 사선을 훌쩍 타고 넘어
해변 방파제에 퍼질러 앉는다

좌우로 우쭐거리는
위아래로 발 굴리고
앞뒤로 흔들어대는
너의 정체는 무엇이건데

젊은 독백은 갑판 난간을 넘어
자존을 회의하며
목젖이 아리도록 절규해야만
생존의 모항에 이를까…

2.
동남해 제7광구
이어도 해양과학기지
동지중해 그리스 로도스 섬
유학 청년 엘리트 교육의 산실

동북아 태평양 대양에
항공모함 울릉도
외로운 섬 독도
동도와 서도는 어깨를 나란히

조국을 초계하는 형제
청년의 짙은 눈매가
시퍼렇게 살아 에너지를
생성하는 강성대국의 희망이다

늦더위 석양은

하루가 꺼질락 말락
휘황찬란한 네온사인 켜질 때
땀내 나는 연서를
마무리도 못하고

늘 아쉬움이 남는 인생후기를
쓰다 말다 혼돈의
격류 속으로 의식을 놓았나

하늘과 땅이 맞닿는 수평선은
가물가물 지평선 어깨동무하고
한 줄로 착시현상은
흐릿한 광다발 형태로
흩어진 존재냐 변형이냐

채색을 할 줄 안 인상패 화가는
동상의 율동은 춤사위가 아닌데
어디에 몰입되었는지
몇 년을 턱만 괴고
꼼짝도 않고 외발로 서서 되뇌인다

시대 앞에 선 시인

동이 틀 무렵 일상 가운데 시상을 좇는 이여
산하는 안개 속에 고요한데
도시에 난데없는 무지개가 피어오를지라도
등불 앞에 놓인 원고지는 마당 비질하는 심정으로
해와 달이 꼭 음양의 속성만 일까
시인은 영감의 촉을 붙잡아 써야하는 당위성
풀풀 젊은 시절 아련한 연가는 언덕아래 숨어
아이들이 동산에 손잡고 노래하며 뛰놀고
별님 따려가는 그림자는 활개질하더라도
아름다운 추억을 써 내야 하는 삶 일진데
폭풍우를 거칠게 몰아쳐도 비련한 숙명은
시작은 얕은 시내부터 중간은 잔잔한 호수에 침잠해
정체할지라도
심상을 심해에 이르니 고래의 여정이 쉼 없이 연속하더라
개켜 둔 옷을 걸쳐 입고 충격의 시대 앞에 예를 갖추리

시 내리는 눈길에

어린 시절 가장 햇볕이 잘 들어오는 창가에
고개 떨군 채 연필로 긁적이더니
청년은 시론(詩論) 책을 팽개쳐 던져버리고
업보를 짊어지고 방황한 발자취도 터널 끝이 아니더라

일상의 실타래를 풀어내려는 의지도 잃어버린 시절
거센 파고는 내려쳐 쏟아지듯 황토를 토해내던 시절
부모형제 처자식이 눈앞에 아롱대지만 저항하던 시절
불모지대 화덕 앞에 면죄부를 받으려면 생활인 행세 해야 하던 시절

망각하고 싶은 불혹 지천명은 적어도 무의미해진 것
황혼 노을 강 건너 온 이순(耳順)이란 포구에 이르러
시를 써 바치지 못할 벙어리가 되어있는데
누가 시작(詩作)은 추억 놀음하는 뱃놀이라고 비아냥 되더라도

달팽이 촉수는 인연(因緣)따라 시작(詩作) 입문에 들어서서
써 놓은 활자를 대할 때마다 어설프고 얼굴이 화끈한데

등단의 짐을 어디에 부려 놓을 수가 없으니 낯설기만 하다
부끄러운 영광은 선지자께 돌려 드려야 마땅할 것이리라

삼신님이시여!
詩는 고귀한 가치와 예술지상주의라는 레퍼토리
수려한 아름다운 주제로 창작에 감명을 주시어
하얀 눈길에 뜨일만한 영생불멸의 시를 쓰게 하시라

남극으로 간 갈매기를 기다리며

어제도 오늘도
아직 선풍기는 후덥지근한 바람을
좁은 방안에 토해내듯 흐느적대며
공간을 서서히 선회한다
계절이 멈춘 듯하다
새벽은 팔다리 무릎이 서늘할 정도라
얇은 이불을 잡아당기게 한다
계절은 저승사자처럼 필연적으로
장지문 앞에 오겠지만
남극으로 떠난 갈매기는 언제 세차고 냉한바람을 몰고
화려한 귀환을 할까 기다려진다

作品解說

존재와 책임의 4차원 시학

- 다울 최병준 시인·문학평론가
문학·공학·신학박사/서울시인대학장

| 作品解說 |

존재와 책임의 4차원 시학

최 병 준

Ⅰ. 들어가며 — 시로 만난 조영래 시인

조영래 시인님의 제2시집 『생존하는 밈(meme)』의 상재를 진심으로 축복축하합니다. '그저 생존하는 밈(meme)은 없다'는 단순한 경구를 넘어 이 시집의 윤리적·인지적 좌표를 드러낸다. 제목에서부터 선언적이다. 시인은 '생존'과 '밈(meme, 복제)' 그리고 '의미의 지속'에 대한 긴장을 읽어내며, 독자를 시적 사유의 장으로 끌어들인다.

이 시집은 네 개의 큰 축, (1부) 「노블레스 오블리주」, (2부) 「문명이란 레고 블럭」, 「아버지」(3부), (4부) 「내 고향 과수원」으로 나뉘어 있으며, 각 부는 서로 다른 관조의 높낮이와 음색을 가진다. 한 시인의 목소리가 거시적 세계(신화·정치·문명)와 개인적 기억(아버지·고향)을 오가며 연쇄적으로 울릴 때, 우리는 그의 사유가 단순한 묘사에 머무르지 않는다는 것을 체감한다.

조영래 시인의 시는 때로는 고전적 인용과 신화적 상징을 소환하고, 때로는 일상적 어휘와 향토적 서사를 끌어온다. 그 결과 '사회-담론'과 '개인-담론'을 교차시키며, 각 행간에서 윤리적 질문을 반복한다.

무엇을 남기고 무엇을 버릴 것인가? 이 질문은 곧, '밈(meme)'이라는 개념으로 귀결되는데, 여기서 밈은 단순한 유행이 아니라 가치·기억·행동 양식의 복제 및 전승을 뜻한다. 시인은 이것이 단지 '생존'하는 것에 머무르지 않고, '어떤 방식으로' 생존해야 하는지를 묻는다.

이 시집은 존재론·윤리학·기억론이 결합된 서사적·산문적 시학이다. 존재론적 질문(죽음, 무의미, 자연과 인간의 관계)과 윤리적 성찰(노블레스 오블리주-Noblesse oblige, 분배의 문제, 책임) 사이의 긴장감이 곳곳에 깔려 있다.

동시에 이 시들은 하이퍼시 장르를 선보인다. 즉, 서로 다른 레벨의 기호와 담론(신화·역사·과학·대중문화·AI)이 빠르게 교차하면서 의미의 다층적 확장을 낳는다. 이로써 독자는 한 편의 시 안에서 여러 장면(Scene)을 동시 대면하게 된다.

이 평설에서는 시집 전체의 맥락을 파악하고, 중요한 표제와 반복되는 모티프를 추출해 철학적·문화적·하이퍼시(Hyper Poetry) 관점에서 분석했다. 텍스트의 직접 인용은 최소화하고 대신 서사의 윤곽과 기법을 중심으로 풀어냈다.

II. 제목에 숨겨진 비밀들

1) 표제의 정치성과 윤리성

'그저 생존하는 밈(meme)은 없다'는 이 시집의 윤리적 명령(Ethical Imperative)을 암시한다. '그저'라는 부정적 한정사는 수동적 생존을 거부한다. '밈'이라는 용어 선택은 리처드 도킨스가 제안한 문화 유전자라는 개념에서 시작된다.

그러나 시인은 이 개념을 단지 문화적 복제의 기술적 설명으로 쓰지 않고, 도덕적·정치적 평가의 장으로 끌어들인다. 즉, 어떤 밈은 사회적 연대와 공공선(公共善)을 증진시키는 반면, 어떤 밈은 불평등·착취·망각을 재생산한다. 시인은 독자에게 묻는다. 우리는 어떤 밈을 남길 것인가?

2) '노블레스 오블리주' — 권력과 책임

1부의 제목 '노블레스 오블리주'는 고전적 윤리와 현대 정치경제가 충돌하는 지점을 상징한다. 시인은 귀족적 미덕의 표면과 실제의 위선을 동시에 포착한다. 시적 화자는 로얄 패밀리(Royal Family)의 '미덕'과 한국 현실 속 '착복, 수전노, 기형적 환원'의 풍경을 병치하여 보여준다. 이는 명백한 정치적 풍자다.

그러나 동시에 '도덕적 의무'가 실제로 실천될 때 어떤 힘을 갖는지도 묻는다. 즉, 윤리의 선언이 의례적 구호에 그치지 않으려면 어떤 구조적 변혁이 수반되어야 하는가? 라는 것이다.

3) '문명이란 레고 블럭' — 구성과 해체

2부의 표제는 문명을 '조립 가능한 물체'로 은유한다. 레고 블럭처럼 보이는 문명은 분해·재조립 가능하다는 의미다. 이 은유는 긍정적·부정적 두 갈래를 모두 갖는다.

긍정적으로는 문명의 유연성과 재구성의 가능성을 시사한다. 반면에 부정적으로는 문명이 표층적 조작, 즉 겉모습을 바꾸어 본질을 숨기는 기술로 작동할 수 있음을 경고한다.

시인은 이 장에서 기후위기, 자본의 유목적 이동, 기술의 비인간화 등 현대 문명이 초래한 문제들을 탐구한다. 특히 '아이스버그 여행', '방랑하는 자본이 얼어붙어' 등의 텍스트는 지구적 사건과 개인적 감수성의 연결을 통해 문명의 폭력성을 드러낸다.

4) '아버지' 연작 — 개인 기억과 역사적 상처

3부 '아버지'는 가족사와 근현대사의 교차점이다. 아

버지의 몸(노동·병·죽음)은 개인적 기억을 넘어서 사회적 서사의 표지로 읽힌다. 전후(戰後) 서사, 가난과 이주, 농민적 삶의 애환이 시의 정서적 중심을 이룬다. 이는 시집의 윤리적 긴장을 개인의 생(生)으로 환원시키는 중요한 장치다. '아버지' 연작은 사회적 비판의 무게를 개인적 슬픔과 연대의 언어로 전이시킨다.

5) '내 고향 과수원' — 토지와 언어의 귀환

4부는 마치 리토스페어(Lithosphere, 지구의 연약권)처럼 토착적 감각을 회복한다. 과수원, 모과, 천수답 벼 등 구체적 농경 이미지는 '근원'과 '계승'의 의미를 포섭한다.

여기서 '밈'은 문화적 유산, 농업기술, 공동체 의식의 형태로 드러난다. 시인은 대도시의 파편화된 시간과 대비되는 느린 시간, 계절의 순환을 환기한다. 이는 곧 '다시-배움'과 '책임의 세대 간 전승'을 요구한다.

6) 하이퍼시의 연쇄 전략

시집 전체의 제목 배열을 하이퍼시로 읽을 수 있다. 서로 다른 장(章)은 링크처럼 연결되어 있어 독자는 한 제목에서 다른 제목으로 이동하면서 다층적 의미를 구성할 수 있다. 예컨대 '노블레스 오블리주'의 윤리적 질문은 '문명이란 레고 블럭'의 재구성 가능성으로 이어지고, 그 질문의 책임은 '아버지'와 '내 고향'에서 구체적 삶의 양상으로 귀결된다. 이 연결성은 하이퍼시의 특징인 비연속성 속의 연속성을 구현한다.

Ⅲ. 시를 통한 외침

1) 사회적 비판과 시의 담론

조영래 시인의 시는 종종 '외침'의 형식을 취한다. 이 외침은 비명이나 선전전의 고함이 아니라, 서늘하고 단호한 선언이다. '노블레스 오블리주'에서의 풍자는 높은 사회적 지위와 그것이 초래하는 불평등을 정면으로 겨냥한다.

시인은 구체적 인물(동대문 장 씨, 명동 상인 등)의 사례를 통해 '도덕의 위선'을 드러낸다. 공동체의 자원과 권한을 어떻게 재분배할 것인가? 이러한 전략은 단순한 공격이 아니라 윤리적 반문의 초대를 의미한다. 각 항목마다 대표적인 시를 통하여 추론하고자 한다.

    호의(好意)로 베푸는 선의를
    의무적으로 지불하는
    프랑스 로얄패밀리 사회는

    대중에게 회향하는 미덕으로

반대급부로 특권을 향유하는
프랑스 말 중에 '노블레스 오블리주'
그들이 부럽기도 하다

- 「노블레스 오블리주」의 일부

이 시는 윤리와 권력의 관계에 대한 고전적 문제를 환기 시킨다. 공적 책임(Public Responsibility)이 진정한 자기희생인지, 아니면 기득권 유지의 장식품인지 묻는다. 이는 미셸 푸코가 말한 권력의 은밀한 재생산 구조, 혹은 레비나스가 강조한 '타자를 위한 무조건적 책임'과도 대조된다. 후자의 입장에서 보면 '반대급부로 특권을 향유하는' 미덕은 이미 타자윤리의 순수성을 벗어난 것으로 추측할 수 있다.

동시에 프랑스 역사·언어와 한국 사회 현실을 동시에 호출하고 있다. 한 편의 시 안에서 서양의 귀족 담론과 한국의 현실 정치·경제 구조가 연결되며, 이는 곧 하이퍼시적 전환이다. 독자는 시를 읽는 순간 파리의 궁정과 한국의 거리 시위를 동시에 상상하게 된다.

"그들이 부럽기도 하다"는, 단순한 동경이 아니라 아이러니한 자의식으로 읽힌다. 시인은 특권의 위선을 비판하면서도, 동시에 그 위치를 잠시라도 꿈꾸는 인간적 욕망을 숨기지 않는다. 이로써 독자는 '비판'과 '동경' 사이의 긴장 속에 놓이게 된다.

2) 기억 · 망각 · 레테의 강

'레테의 강'이 단순히 신화적 도상으로 쓰이는 것이 아니라, 망각과 기억의 장치로 작동한다는 점이 중요하다. 시인은 '죄의 기억을 씻고 망각의 강을 건너'는 이미지로부터 출발해, 현재의 부정의(예 : 착취, 폭력)를 잊어버리는 문화적 관습에 대해 문제를 제기한다. 망각은 때로 위안이 되지만 진실과 책임을 지우는 무기로도 작동한다. 따라서 시는 '망각을 의도적으로 선택하는 사회'에 대해 경고한다.

> 죄의 기억을 씻고 망각의 강을 건너
> 노랫소리 들리는 천국의 오르막길
> 샛별이 떠오르면 동녘에 햇볕이 내리쬐는
> 새로운 하루가 시작하고 거울은 반짝이며 창을 연다
> 생의 선물은 목마른 자에게
> 신념의 나무를 정원에 심어주는 은총이다
>
> 교만과 탐욕의 바다에 금은보화와
> 화려한 보석 목걸이는
> 벗어 던져버려야 할 혼돈 일 뿐이다
>
> —「레테의 강」의 일부

'레테의 강'은 그리스 신화에서 망각의 강이다. 시인은 이 강을 "죄의 기억을 씻는" 장소로 그리면서, 인간이 짊어진 죄와 상처를 놓아버리는 은총의 차원으로 전환한다.

그러나 단순한 망각이 아니라, 새로운 삶으로 건너가기 위한 정화(淨化)의 통과의례로 제시된다. 이어지는 "천국의 오르막길, 샛별, 동녘의 햇볕"은 종교적 상징을 통해 희망과 구원을 밝힌다. 오르막길은 힘겹지만, 결국 천상의 문에 이르는 영적 여정을 암시하고, 샛별과 햇볕은 부활과 새 생명의 시작을 의미한다.

"목마른 자에게 신념의 나무를 정원에 심어주는 은총"은 예수님의 '목마른 자에게 생수를 주리라'는 복음서 구절과 상응한다. 하지만 여기서 시인은 '신념의 나무'라는 은유를 통해, 은총이 갈증 해소를 넘어 삶의 정원에 뿌리내리는 지속적 믿음이 됨을 강조한다.

3) 언어와 형식의 전략, 하이퍼시적 장치들

조영래 시인의 서사는 전통적 서정성과 산문적 진술을 교차시킨다. 문장은 때로 산문적 설명으로, 때로는 압축된 이미지로 전이된다. 이러한 형식적 유연성은 하이퍼시의 특징인 장르 간의 간섭, 레벨 간 도약을 드러낸다.

시집 전체에 걸쳐 보이는 기법적 특징 몇 가지를 정리하면 다음과 같다.

- 서사 / 해설의 혼용 : 제목과 본문에서 시인은 시적 묘사와 즉각적인 해석을 병치한다. 이는 독자로 하여금 '해석의 작업'을 시 속에서 즉시 수행하게 만든다.

- 대화적·설교적 어조 : 때로는 설교하듯, 때로는 동네 어르신처럼 말하는 어조가 교차한다. 이로써 시는 거리와 서재, 의회와 가정 사이를 자유롭게 오간다.

- 다층적 이미지 : 신화·역사·자연·기계, AI가 한곳에 결합되며 의미의 층위를 형성한다.

> 인조인간 AI가 대세인 기술과학은
> 비지니스화를 향해 치달아
> 인간의 실존은 희미해지다가
> 사고하고 근육의 움직이는 활동도 극미진(極微塵)으로
> 소화기만 남아 대뇌는 급격히 석회화되어질 수도 있단다
>
> 물속(物俗)을 담배쌈지 바랑 던져버리듯
> 권세(權勢)도 비웃어 짐승에게 먹이주듯
> 인류의 인식의 전환은 애초에 유전인자로 자리 잡지 못한
> 인과(因果)를 둘러보아야 할 것인가
> 고개만 갸우뚱하고 말 것인가
>
> — 「문명이란 레고 블럭」의 일부

조영래 시인은 이 시에서 AI와 기술 과학이 '비즈니스화'되는 과정에 초점을 맞춘다. 과학이 탐구와 진리에 머물지 않고 시장 논리에 종속될 때 인간 실존은 '희미해지는' 위험에 놓인다. 시인은 인간을 사고·행동·신체 기능이 모두 퇴화하고, 결국 대뇌가 석회화된 존재로 전락할 수 있다는 극단적 이미지를 제시한다.

이는 곧 기술 문명이 인간 주체성을 압도하고 생물학적 존재를 기계적 부산물로 환원하는 공포를 상징한다. 인간이 '사고하고 행동하는 주체'에서 '소화기만 남은 생물체'로 축소되는 모습은, 하이데거가 말한 도구적 합리성의 지배를 연상시킨다. 인간이 세계의 주체가 아니라 기술 시스템의 부속품이 될 위험을 경고하는 것이다.

또한, '물속(物俗)'과 '권세'를 동시에 폐기할 대상으로 묘사한다. 담배쌈지를 내던지듯, 짐승에게 먹이를 던지듯, 권세와 물질은 궁극적 가치가 없는 것임을 드러낸다. 문명의 외형적 화려함은 결국 덧없는 혼돈일 뿐이라는 인식이다.

시인은 인류가 기술문명 앞에서 근본적 인식 전환을 하지 못했음을 지적한다. '유전인자로 자리 잡지 못한 인과'라는 표현은, 인간 사회가 오랜 진화 과정을 통해 내면화했어야 할 책임 윤리와 생태적 인식이 아직 뿌리내리지 못했음을 은유한다.

과학기술(AI), 사회비판(권세), 생물학(유전인자), 철학(인과율)이 한 장면 안에 결합된 전형적인 하이퍼시적 전개를 보여주고 있다. 서로 다른 담론의 층위가 겹쳐지면서, 독자는 기술·윤리·철학·문명 비판을 동시에 읽게 된다.

4) 생태·기후 담론과 시적 상상력

'방랑하는 자본이 얼어붙어', '아이스버그 여행' 같은 시들은 기후위기와 인간 행위의 연결고리를 문제 삼는다. 시인은 자본의 유목성, 과잉소비, 폐플라스틱의 대양 유영 등 구체적 이미지로 환경적 재난을 시각화한다. 이 지점에서 시는 경고를 넘어 윤리적 행동을 촉구한다. 시적 상상력은 지구적 규모의 위기를 개인적 감수성과 결합시켜 '공유된 슬픔'과 '실천적 각성'을 요청한다.

> 그린란드 얼음 대륙
> 무너져 내린 조각마다
> 떨어져 나온 순간부터
> 평생 이별을 안고 둥둥 떠다니며 산다
>
> —「아이스버그 여행」의 일부

'그린란드 얼음 대륙'은 지구적 차원의 기후변화를 상징한다. 빙하가 조각나 떠내려가는 이미지는 단순한 자연현상이 아니라, 인간 활동이 촉발한 지구 생태계의 파괴를 드러내는 상징적 장면이다. 시인은 빙하의 붕괴를 '이별'이라는 인간적 정서로 승화함으로써, 지구의 상처를 감정적으로 체험하도록 유도한다.

우리는 태어나는 순간부터 고독을, 곧 분리와 이별을 운명처럼 안고 살아간다. 이때 빙하는 단순한 자연물이 아니라, 인간 실존을 비추는 거울 같은 타자로 등장한다.

'빙하 조각'은 동시에 기후위기 담론, 실존 철학의 고독, 이산가족의 분리, 디아스포라의 삶 등을 환기한다. 하나의 시적 장면을 통해 자연-사회-철학-역사의 층위를 넘나들며 의미를 확장하고 있다.

5) 철학적 함의, 존재 · 책임 · 공동체

이 시집은 크게 철학적인 세 가지 질문을 던진다.

첫째, 공동체의 재구성이다. 문명은 레고 블럭처럼 재조립 가능하다고 은유되었다. 하지만 재조립은 단순한 기술적 조작이 아니다. 그것은 윤리와 역사 인식, 기억의 복원, 세대 간 대화가 결합될 때 비로소 가능해진다.

둘째, 존재의 방향이다. 시인은 인간 존재를 단순히 지속되는 생명의 형태로 보지 않는다. '존재'는 의미를 창출하고 타인과 세계에 책임지는 행위로 파악된다. '그저 생존하는' 것은 윤리적으로 무가치하다는 판단이 반복된다.

셋째, 책임의 층위이다. 사회적 불평등, 기후위기, 기억의 지우기 앞에서 누구에게 책임이 있는가? 시인은 권력층뿐 아니라, 개인과 공동체 모두에게 책임을 묻는다. 이는 레비나스적 타자윤리(Levinasian ethics of the Other, 타자의 얼굴 앞에서의 책임)와 상응한다.

> 인간의 탈을 쓴 본래 모습 일란성
> 암수분화 생명체를 이어주는 띠
>
> 그 정체는 늘 변신의 연속 스펙트럼인가
> 조그만 벌과 개미 사회적 협력은
> 인간보다 행동지수가 높은 표본이 되어온 건가
>
> 유전자 단위 지놈은 차별화 과정을 거치며
> 고귀한 생명을 대대손손 처음과 끝을 마주해 보는
> 생의 비밀은 밈 meme이란 미세한 최소 단위라고
> 누구의 주인공이라고 보여줄까
>
> ―「그저 생존하는 밈(meme)은 없다」의 일부

"밈(meme)"이라는 개념은 영국의 진화생물학자 리처드 도킨스(Richard Dawkins)가 1976년에 출간한 저서 「이기적 유전자(The Selfish Gene)」에서 처음 제시했다.
도킨스는 유전자가 생물학적 정보를 복제하고 전달하는 최소 단위라면, 밈(meme)은 문화적 정보(언어, 습관, 종교, 예술, 관습 등)가 복제·전달되는 최소 단위라고 보았다.

조영래 시인은 유전자와 밈을 연결시켜 생명의 비밀을 탐구하고 있다. "인간의 탈을 쓴 본래 모습 일란성 / 암수분화 생명체를 이어주는 띠"에서 인간은 스스로를 독립적 개체로 이해하지만, 시인은 그 껍질을 "탈"이라 명명하고 있다.

본래 모습은 "일란성"이라는 동일성 속에 있으며, 그 뒤에는 성(性)을 분리하기 이전의 원초적 생명 단위가 있음을 암시한다. 이는 플라톤의 「향연」에 등장하는 안드로규노스(양성체)의 신화나, 현대 생물학에서의 유전자적 원초성을 연상시키며, 생명의 근원적 연속성을 철학적으로 질문한다.

밈(meme)을 단순한 자기 복제의 기계적 산물이 아니라, 가치·지향성·의미를 띤 문화적 단위로 바라보는 선언이다. 즉, 밈이 살아남는 이유는 단순 생존이 아니라 사회적·윤리적·철학적 책임의 층위 위에서 평가되고 선택된다는 의미를 함축한다.

한 개인이 밈을 수용·창조·전파하는 행위는 단순한 모방이 아니라, 선택을 포함한다. 따라서 "그저 생존하는 밈(meme)은 없다"는 말은, 개인이 어떤 밈을 받아들이고 어떤 밈을 버리는가에 대해 책임이 있음을 강조한다. 가령, 혐오나 폭력의 밈이 퍼지는 것은 개인이 그것을 무비판적으로 전파했기 때문이며, 이는 책임 회피의 결과라 할 수 있다.

밈은 개인을 넘어 공동체적 힘으로 확산된다. 사회는

밈을 통해 가치관, 규범, 관습을 형성하는데, 여기에는 어떤 밈을 사회적으로 장려할 것인가, 어떤 밈을 억제할 것인가에 대한 책임이 뒤따른다. "그저 생존하는 밈은 없다"는 것은, 사회의 구조·교육·문화정책이 밈의 생존을 결정한다는 점을 드러낸다.

또한. 밈은 단기적 유행을 넘어 역사적 지속성을 가진다. 과거의 밈이 오늘날까지 살아남는 것은 단순한 생존이 아니라, 역사적 의미를 인정받았기 때문이다. 따라서 인류는 "밈을 전승하고 해석하는 방식"에 대한 문화적 책임을 져야한다.

존재의 본질을 고정된 실체가 아니라 변신과 스펙트럼으로 보는 시각은, 헤라클레이토스의 "만물은 흐른다"는 철학이나 들뢰즈의 "되기(Becoming)" 개념과 맞닿아 있다. 개미와 벌의 집단적 협력은 인간 사회보다 효율적이라는 통찰은 사회계약론적 인간관을 비판하면서, 오히려 '자연 속 작은 존재들'이 더 진화된 사회적 모델임을 보여주고 있다.

인간 생명의 근원은 단순히 유전자(genome)에 있지 않고, 밈(meme)이라는 문화적 유전자로 확장된다는 사유를 나타내고 있다. "누구의 주인공이라고 보여줄까?"라는 물음은, 생명의 진화와 문화의 진보가 특정 주체의 의지에 의한 것인가, 아니면 무작위적 복제와 선택에 의한 것인가라는 철학적 회의로 이어진다.

사회적 불평등, 기후위기, 기억의 지우기 앞에서 누구에게 책임이 있는가? 시인은 권력층뿐 아니라 개인과 공동체 모두에게 책임을 묻는다. 이는 레비나스적 타자 윤리(Levinasian ethics of the Other, 타자의 얼굴 앞에서의 책임)와 상응한다.

6) 아버지 연작, 개인-역사적 증언

'아버지' 연작은 이 시집의 정서적·윤리적 핵심이다. 아버지의 노동, 질병, 생애사는 개인적 기록이자 한 세대의 역사적 증언이다. 시인은 아버지의 삶을 통해 한국 근현대사의 상처—전쟁, 이주, 가난 등을 응시한다. 이 연작의 힘은 '구체성'에 있다. 소소한 생활사(방아 찧기, 모과 손질, 마을 풍경)가 정치·역사의 무게를 견인하며, 독자는 시 속에서 '타인의 고통'을 체험적으로 이해하게 된다.

> 유랑극장 배우 흉내를
> 가장 잘 내는 소년 시대를 지나
> 하만들 농지를 돌보는
> 청년이 된 책임자
>
> 말을 사거나 오토바이를 타고
> 으스대기도 하고 싶은 젊음
> 동네 꼬마 씨름판 붙이기를

내기놀음을 좋아 했다더라

— 「아버지·1」의 일부

"유랑극장 배우 흉내"는 당시 문화적 현실을 비추는 동시에, 아버지의 젊은 날이 지닌 자유분방한 상상력을 드러낸다. 극장이 단순한 오락이 아니라, 농촌 청소년에게는 꿈과 해방의 통로였음을 짐작하게 한다.

"하만들 농지를 돌보는 청년"이라는 구절에서 삶은 급격히 현실로 전환된다. 소년 시절의 모방과 흉내가 끝나고, 곧바로 생계와 노동의 책임자로 자리 잡는 모습은 당시 세대가 짊어졌던 무게를 보여준다. 이는 개인적 경험이면서 동시에 한국 근현대 농촌 청년의 집단적 삶을 반영한다.

"말을 사거나 오토바이를 타고 으스대기도 하고 싶은 젊음"은 자율과 욕망의 충동을 나타낸다. 농촌 청년의 욕망은 도시적 상징물(오토바이)과 전통적 상징물(말) 사이에서 갈등한다. 이는 전통과 근대, 공동체와 개인적 욕망이 교차하는 세대적 전환기의 초상을 보여준다.

"동네 꼬마 씨름판 붙이기, 내기놀음"은 당시 마을의 공동체적 놀이문화를 포착한다. 단순한 오락을 넘어, 공동체 속에서 자리를 잡고 인정받는 방식이기도 했다. 이 장면은 아버지를 단순히 가족 내 인물로 그치지 않고, 마을 공동체의 한 축으로 그려낸다.

흉내(타자의 모방) → 책임(노동과 생계) → 욕망(자율적 주체) → 놀이(공동체 속 자기 자리)라는 흐름은 인간 성장의 보편적 여정을 압축한다.

하이퍼시적으로는 '극장, 농지, 오토바이, 씨름판' 등 상이한 이미지들이 하나의 화면에 겹쳐져 다층적 시간성을 형성한다. 이 짧은 대목 속에서 1950~60년대 농촌, 당대 대중문화, 공동체 놀이문화를 동시에 읽어 낼 수 있다.

7) 하이퍼시 관점에서 결론적 읽기

하이퍼시는 이 시집에서 양면적 기능을 한다. 하나는 의미의 '증폭'이다. 여러 담론이 동시에 동원되어 복합성을 보여준다. 다른 하나는 의미의 '분산'이다. 정보 과부하 속에서 독자는 능동적으로 연결 지점을 만들어야 한다. 조영래 시인의 시는 이 두 기능을 모두 활용한다. 독자는 시적 조각들을 하이퍼텍스트처럼 읽으며, 그 점들 사이의 간극을 메우는 사유 작업에 초대된다.

  거리 악사들이 들려주는
  음악 연주는 활기차게 요동해
  얼어붙은 머리칼과 손과 발을 녹여주네
  순한 얼굴에 주름을 지워주는 거리와 공원

  정원이 들어서고 숲길이 새로 나고

지도를 열심히 읽어 온 소녀는
회색도시를 색상 표에서 지워가는
리트머스 시험지를 가진 천사를 기다리고 있었다

-제1시집 「고백론에 없는 색상도시」의 일부

'거리 악사'는 단순한 배경 인물이 아니라, 소리 매체(Sound Media)를 대표한다. 독자는 음악을 상상하며, 시를 청각적으로 경험하게 된다. 음악 → 신체(머리칼·손·발의 온기 회복) → 심리적 표정(주름이 지워짐) → 공간(거리·공원)으로 이어지는 연결은 청각-촉각-시각-공간 감각이 서로 연결되는 다중감각적인 구조로, 하이퍼시가 추구하는 감각 융합을 보여주고 있다.

거리와 공원은 단순한 배경이 아니라, 치유적 미디어로 전환된다. 음악이 도시 공간을 변형시키며, 현실 공간이 감각적·정서적 확장 공간으로 재구성되는 순간이다.

'정원'과 '숲길'은 도시와 자연을 연결하는 생태적 하이퍼링크(Hyperlink) 역할을 한다. 이는 회색도시에서 생명의 색채로 확장되는 생태 전환의 코드이다. '색상 표에서 지워가는' 장면은 단순한 은유를 넘어, 그래픽 편집 소프트웨어에서 색을 지우는 행위를 연상시킨다.

따라서 이 시는 시어에서 디지털 이미지 작업으로 넘어가는 매체 간 확장성을 드러낸다. '지도를 열심히 읽어온 소녀'는 지식 탐구자/탐험자로, 하이퍼텍스트 세계에서 길을 찾아가는 탐색자로 볼 수 있다.

'리트머스 시험지'는 현실을 새롭게 검증하는 장치로, '천사'는 인간과 초월적 세계를 연결하는 메타포로 이 둘의 결합은 과학과 종교, 데이터와 신화, 현실과 이상을 아우르는 하이퍼시의 초연결성을 나타낸다.

따라서 이 시는 하이퍼시가 지향하는 "다중 매체성 + 초연결성 + 융합적 상상"을 구현하며, 독자가 한 가지 층위(도시, 생태, 과학, 종교)에 머무르지 않고 다층적 텍스트 네트워크 속을 탐색하도록 이끌고 있다.

IV. 맺으며 ― 시의 바다로, 세상으로

조영래 시인의 제2시집은 '외침'이면서도 '호소'이고, '풍자'이면서도 '자기 고백'이다. 시인은 시대의 불의를 고발하고, 동시에 개인의 일상을 통해 연대와 책임의 가능성을 제시한다. 이 시집에서 반복되는 메시지는 단순하다. 생존은 목표가 아니라 조건이며, 의미 있는 삶은 그것을 다른 이에 대한 책임과 결부시킬 때 완성된다.

또한, 이 시집은 읽기의 방식 자체를 전복한다. 독자는 전통적 서사의 안주에 머무르지 않고, 텍스트의 여러 지점을 하이퍼시처럼 넘나들며 읽어야 한다. 그 과정에서 우리는 시인의 윤리적 질문을 마주하고, 우리의 믿을 재고하게 된다. 어떤 밈을 남길 것인가? 이 질문은 개인의 습관에서부터 제도적 설계, 문화 전통의 재구성에 이르는 범위로 확장된다.

끝으로, 조영래 시인의 제2시집 「그저 생존하는 밈(meme)은 없다」는 우리 시대의 윤리적·사회적 질문에 충실히 응답하려는 시도라는 점이다. 독자는 이 시집을 통해 시의 바다로 더 깊이 들어가고 세상으로 다시 나올 때, 또 다른 시선의 체험을 할 것이다.

오직 펜으로 말하며, 시로 표현하고 시로써 세상을 아름답게 꾸미는 시인이 되시기를 원하며, 독자님들의 가정에도 넘치는 시향과 함께, 시냇가에 심은 나무가 철을 따라 열매를 맺으며, 그 잎사귀가 마르지 않는 형통함이 있기를 기도합니다.

2025년 늦가을

서울시인대학에서 새벽을 바라보며

조영래 제2시집

생존하는 밈(meme)

초판인쇄일 2025년 11월 5일

지은이 : 조영래
펴낸이 : 김순진
편집장 : 전하라
디자인 : 김초롱
펴낸곳 : 도서출판 문학공원
등 록 : 2004년 3월 9일 제6- 706호
주 소 : (우편번호 03382)서울특별시 은평구 통일로 633
        녹번오피스텔 501호 계간 스토리문학
전 화 : 02- 2234-1666
팩 스 : 02- 2236-1666
홈페이지 : https://blog.naver.com/ksj5562
이메일 : 4615562@hanmail.net

2025ⓒ조영래

파손된 책은 바꿔드립니다.